गंगाधर-रविन्द्र

गंगाधर-रविन्द्र

मणिन्द्र कुमार मेहेर

अनुवाद

नारायण दास मावतवाल

BLACK EAGLE BOOKS

USA address:
7464 Wisdom Lane
Dublin, OH 43016

India address:
E/312, Trident Galaxy, Kalinga Nagar,
Bhubaneswar-751003, Odisha, India

E-mail: info@blackeaglebooks.org
Website: www.blackeaglebooks.org

First International Edition Published by
BLACK EAGLE BOOKS, 2025

GANGADHAR-RABINDRA
by **Manindra Kumar Meher**
Translated by **Narayan Das Mawatwal**

Cover & Interior Design: Ezy's Publication

ISBN- 978-1-64560-670-3 (Paperback)

Printed in the United States of America

प्रस्तावना

बचपन से यह देखता आ रहा हूं कि हमारे घर की दीवार पर टांगी गई है दो सजीव सी दिखने वाली फोटो । इनमें से एक स्वभावकवि गंगाधर मेहेर की है और दूसरी विश्वकवि रवींद्रनाथ टैगोर की । स्वभावकवि गंगाधर मेहेर मेरे प्रपितामह थे, अतः उनके लिए अपनत्व की अनुभुति स्वभाविक थी, पर मैने हमेशा विश्वकवि रवींद्रनाथ जी के चित्र को भी उतने ही अपनेपन के भाव से निहारा है। वेसे मेरे पितामह कवि पुत्र भगवान मेहेर ने इन दोनों फोटो को एक साथ टांगने का निर्देश क्यों कर दिए थे, यह जानने की जिज्ञासा मैने कभी नहीं की। रविंद्र नाथ की एक फोटो नोबेल पुरस्कार लेने के समय की है इसके अलावा हमारे अध्ययन कक्ष में भी विश्वकवि की एक रंगीन फोटो सुसज्जित है जिसमें रविंद्र एक किताब को पढ़ते हुए दिखाए गए हैं। बचपन से मन में दोनों के प्रति जो भावना उत्पन्न हुई थी आने वाले समय में वह स्वतः विकसित होती चली गई। गंगाधर मेहेर की कविताएं अगर अंग्रेजी में अनूदित हुई होती तो वे भी नोबेल पुरस्कार जीत सकते थे ऐसा उड़ीसा के अनेक मान्यवर विद्‌वानों ने गंगाधर मेहेर की जयंती के समय अपने-अपने विचार रखे हैं। गंगाधर मेहेर को नोबेल मिले या ना मिले मगर उस देवतूल्य कविसत्ता को पाठकों की अपार श्रद्धा मिली है। कई पाठक या समालोचक रविंद्र नाथ

के मुकाबले गंगाधर के काव्यिक सौंदर्य को ज्यादा महत्व देते हैं। बचपन और किशोर अवस्था में दोनों ही कवियों को एक और अभिन्न मानता आया हूं और बाद में दोनों के साहित्य के प्रति रुझान और जीवन आदर्श से प्रभावित होकर मैंने हमेशा से दोनों की समीक्षा करते समय दोनों के मध्य समानता का भाव महसूस किया है।

रवींद्रनाथ और गंगाधर इन दोनों ही कवियों की रचना का अध्ययन करते समय, मैं एकसमान भाव का अनुभव करता आया हूं । एकांत में संध्या और रात्रि कालीन सौंदर्य का अनुभव करते हुए घर के छत पर अकेला ही ऊंचे स्वर में रविंद्र की गीतांजलि का उच्च स्वर में गान किया है । उसी तरह जब कभी मानसिक यातना मुझे विचलित करती रही है तब आंखें मूँदजाने तक गंगाधर के संगीत का गान मैंने किया है। इससे मुझे शांति और सांत्वना से ओतप्रोत जो अपूर्व स्थिरता की शक्ति मिली है वास्तव में उसे शब्दों में बयां नहीं किया जा सकता।

मेरे मन में जिज्ञासा उठी की एक बार जरूर शांतिनिकेतन देखूँ। सन 1997 में जब भारतीय साहित्य अकादमी द्वारा मनोनीत होकर कोलकाता और शांतिनिकेतन घूमने का सौभाग्य मुझे मिला तो बरपाली में रहते हुए खुद को गंगाधर का प्रपौत्र होने का जैसा अनुभव करता था ठीक उसी तरह शांतिनिकेतन में प्रवेश करने के बाद मुझे अनुभूति हुई कि मानों मैं अपने ही नीड में, अपने ही घौसले में वापस लौट आया हूं । कोई माने या ना नाने, मैंने अपनी अंतरात्मा में अनुभव किया है कि जैसे मैं रविंद्र नाथ का भी प्रपौत्र हूं । इसके बाद कई बार शांतिनिकेतन जाने का सौभाग्य मिला है लगता है वह रवींद्रनाथ के आत्मा से निकला अदृश्य आमंत्रण था। शांतिनिकेतन में रविंद्र नाथ जी की फोटो देखते समय उसमें मुझे गंगाधर दिखाई देते थे और ओडिशा में गंगाधर मेहेर के प्रतिकृति में मुझे रवींद्रनाथ के चित्र समान रूप में दिखाई देता है। मैंनें दोनों को कभी अलग करके विचार नहीं किया है। कई दिनों से मन में एक आकांक्षा का भाव

जागृत हुआ था कि रविंद्र नाथ और गंगाधर दोनों के संबंध में एक तुलनात्मक पुस्तक की रचना करूंगा । दोनों को केंद्र में रखकर कई छोटे-छोटे प्रबंध लिखे थे तब इसे पुस्तक के रूप में प्रकाशित करने की ईच्छा मेरे मन को झकझोरने लगी । दोनों ही कवियों की तुलना करते समय किसी को उत्कृष्ट या फिर दूसरे को निकृष्ट बताना मुढता के अलावा और कुछ नहीं होगा, यह मैंने स्वतः अनुभव किया है। रविंद्र जी की रचनाओं को मैंने कई बार बंगला में तो कई बार ओड़िया भाषांतर में अध्ययन किया है और इस अध्ययन के उपलब्धि यह है कि रविंद्र आत्मा को एकांत आत्मीय भाव से अनुभव करने की गहराई कितनी प्रेरणादायक हो सकती है। ऐसी तुलनात्मक पुस्तक प्रकाश करने के लिए ब्लॉक ईगल के प्रतिष्ठाता सत्य पटनायक ने आग्रह दिखाया इसके लिए मैं उनके पास कृतज्ञ हूँ। मेरे जिन छात्रों ने यत्नपूर्वक इस पांडुलिपि को बनाने में श्रमदान किया उनके प्रति मेरा आशीष सदैव ही रहेगा। श्रीमान माधवानंद पात्र,दर्पदलन रथ, श्रीधर बारिक, राकेश बारिक की आंतरिक्ता सराहनीय है। तुलनात्मक अध्ययन के क्षेत्र में अगर यह पुस्तक थोड़ी सी भी मददगार हो पाएगी तो मैं खुद को धन्य समझुंगा।

मणिन्द्र कुमार मेहेर

अनुवादक की भावना

भुवनेश्वर में पिछले दिनों आयोजित हुए प्रथम विश्व ओड़िआ भाषा सम्मेलन के दौरान अचानक एक भाषाविद् विद्वान से मुलाकात हुई । जिनका नाम था मणींद्र कुमार मेहेर। पता चला वे ओड़िआभाषा के वरिष्ठ प्राध्यापक हैं और स्वभाव कवि गंगाधर मेहेर के रिश्तेदार हैं। जब यह बात पता चली तो मन में कौतूहल होना स्वाभाविक था की गंगाधर मेहेर के साहित्यिक कृतियों के बारे में कुछ चर्चा हो जाए और उनसे वार्तालाप प्रारंभ हुआ ।

मणिंद्र मेहेर ने बताया विश्वकवि रविंद्र नाथ टैगोर और गंगाधर मेहेर के जीवन , उनके विभिन्न संस्मरण और संबंधों को लेकर पुस्तक रचना करने की योजना बना रहा हूं। अगर आपकी अनुवाद में रुचि है तो आप इसमें हमारा सहयोग कर सकते है ।

मेरे मन मे पहले ही स्वभाव कवि गंगाधर मेहेर को लेकर, उनके जीवनी को लेकर जानने की बहुत उत्सुकता थी । जब यह प्रस्ताव मिला तो मैंने सहर्ष हाँ कह दी । इस तरह मौजूदा पुस्तक का यह अनुवाद जिसे कोरा अनुवाद तो नहीं कहा जा सकता पर इस अनु-सृजन की

मैंने कोशिश की है। मैंने सोचा था कि विश्वकवि रवीन्द्रनाथ और गंगाधर मेहेर के बीच भला क्या और कैसे तुलना हो सकती है मगर ज्यों-ज्यों मूल ओडिआ पुस्तक में दिए गए संस्मरणों को पढ़ता गया तो खुद भी आश्चर्यचकित रह गया कि, दोनों ही कवियों में कितनी समानता है। दोनों अपने अपने समय के सर्वश्रेष्ठ रचनाकर कहे जा सकते हैं। हालांकि विश्व कवि रविंद्रनाथ टैगोर की प्रसिद्धि के सामने गंगाधर मेहेर की प्रसिद्धि उतनी ऊंचाई को प्राप्त नहीं कर पाई क्योंकि रवींद्रनाथ टैगोर एक सुशिक्षित, संपन्न परिवार में जन्म लेने वाले व्यक्तित्व थे वहीं गंगाधर मेहेर का जन्म बरपाली जैसे छोटे से गाँव में एक निम्न मध्य वित्तीय परिवार मे हुआ था। भले ही गंगाधर मेहेर को विश्वकवि रवीन्द्रनाथ टैगोर जैसा विस्तारित कार्यक्षेत्र ना मिल पाया हो लेकिन ईश्वरीय सत्ता और ईश्वरीय करूणा के प्रति दोनों ही कवियों की भावना वास्तव में बहुत उच्च स्तर की भावना कही जा सकती।

अपनी समझ और सीमित ज्ञान के आधार पर मैंने इस पुस्तक के अनुवाद कार्य को निष्ठा पूर्वक करने की कोशिश की है । बाकि इसका मूल्यांकन तो मर्मज्ञ पाठक ही कर पाएंगे। मणिन्द्र बाबु ने मुझ पर जो विश्वास दिखाया है उस पर खरा उतरने का प्रयास तभी सफल होगा जब आप के लिए यह पुस्तक सुपाठ्य बन पाएगे।

नारायण दास मावतवाल

सूची

तपस्विनी का एक पद और गीतांजलि की एक कविता

कवि का जीवन दर्शन उसकी कविता या कृतियों में किस तरह प्रभावशाली होकर उभरता है उसे पठन-पाठन करने वाले मर्मज्ञ पाठक,श्रोता ही अनुभव कर सकते हैं। स्वभाव कवि गंगाधर मेहेर की "तपस्विनी" उनकी श्रेष्ठ कृति है । उन्होंने अपनी विस्तृत जीवन कथा की रचना नहीं की है इसलिए कहा जा सकता है कि तपस्वीनी ही सही मायने में उनके आत्म उपलब्धि की वह विशाल बिथी है। चरित्र चित्रण हो या फिर प्रकृति का चित्रण या अन्य किसी हृदयस्पर्शी वर्णन, तपस्विनी में उनके जीवन स्पंदन को हर जगह अनुभव किया जा सकता है।मगर जो पाठक केवल विषय वस्तु में ही रमे रहते हैं उनकी नजर में यह शाश्वत चित्र नहीं आ पाता । दूसरी तरफ जो पाठक इस काव्य का पठन रुक-रुक कर करते हैं वे हर पल आंख मूंद कर देख पाते हैं कि कवि के अंतर मन में वास्तव में क्या चल रहा है। इस दृष्टिकोण से अगर हम आलोचना करें तो तपस्विनी का महत्व किस तरह स्वतंत्र है उसे प्रतिपादन करना आवश्यक नहीं है। इस शुद्ध आलोचना में तपस्विनी के मात्र एक पद पर ही प्रकाश डाला गया है । तपस्विनी के चौथे सर्ग में सुप्रसिद्ध चोखी राग में लिखा गया है - मंगले अईला उषा-

इस सर्ग में काव्य की नायिका सीता, जब आश्रम के मुनि कुमारियों के साथ तमसा नदी के किनारे घूम रही है तब गंगाधर मेहेर ने इसका जो चित्रण वर्णन किया है उसमें एक अपूर्व जीवनी

शक्ति दिखाई देती है । हो सकता है तमसा मात्र एक नदी ही हो मगर कवि ने उसके अंदर भी एक जीवंत आत्मा है, वह कल- कल नाद में संगीत गान करती हुई दूर तक बहती जाती है । और उसी में प्रतिध्वनित होती है उसकी आत्म-संगीत की ध्वनी । सभी के कानों में यह गूंज सुनाई नहीं दे सकती, प्रकृति देवी की पुत्री सीता की तरह शुद्ध आत्मा ही उस जल तरंग के अंर्तध्वनी को सुन सकती हैं। गंगाधर इस मर्म को चित्रित कर रहे हैं जो की अन्य किसी राम साहित्य में दुर्लभ ही है। तमसा नदी, सीता का सानिध्य पाने के उपरांत जो स्वर्गीय अल्हड़पन का अनुभव कर रही है उसकी तुलना कहीं और नहीं मिलती । मानों अपने जीवन की अनुभूति को वे सीताजी के सामने व्यक्त करने के लिए युगों युगों से बाट जोह रही थी। कितनी ही बातें उन्होंने सीता जी को बताई है। उन सब की आलोचना ना करते हुए अगर हम मात्र एक पद में अपनी दृष्टि को केंद्रित करेंगे तो, तमसा के हृदय स्पंदन में जो अपूर्व लालित्य संचरित हुआ है उसे इस प्रसिद्ध पद के जरिए यहां पाठकों के लिए प्रस्तुत कर रहे हैं, जो जरूर एक नया अनुभव लेकर आएगा वह पद हैः

बने बने भ्रमि भ्रमि गण्ड कुहुके न भ्रमि
बहु बाधा अतिक्रमि स्वच्छ जीवने
अंधार दुख न गणि आलोक सुख न मणि
चालिछी दूर सरणी नत बदने
जनम करूछि सफल
तोयदाने तीरबासी सकल (ओडिआ लिप्यांतर)

जिसका अर्थ है वन,जंगल होते हुए कई वाधाओं को पार कर मैं सुख-दुख की परवाह किए बगैर आगे बढती जा रही हूँ और तटवासियों का जीवन सफल कर आगे बढ रही हूँ। आत्म संगीत

के मध्य ध्वनीत हो रहा तमसा नदी का यह जीवनदर्शन भगवत गीता में वर्णित निष्काम कर्म की विशेषता को ही दर्शा रहा है । तमसा अपने कभी न समाप्त होने वाले यात्रापथ पर अग्रसर है। कई घात-प्रतिघात, आलोक-अंधकार वाले अनेक दुर्गम पथ को पार करती हुई अपने कर्तव्य के प्रति सचेतन रहते हुए आगे बढ़ती चली जा रही है । उसका समग्र जीवन स्वच्छता और निर्मलता की एक अविरल धारा है। उसने अंधेरे को दुख नहीं माना और ना ही आलोक में वह उल्लासित हुई है । विनम्रता के साथ वह पवित्र जल राशि से परिपूर्ण, जो दूसरों को देखकर अपने जीवन का महिमा मंडन कर रही है इस निष्काम भावना के साथ मगर इसके साथ उसके अंतरात्मा की निर्मल भावना श्रद्धा भाव से जड़ित है। लगता है गंगाधर ऐसे एक पद की रचना कर तमसा नदी के आत्म उपलब्धि को जैसे उन्मुक्त कर दिया है। मगर इतने में इस बात का मर्म समाप्त नहीं हो जाता, सही मायने में इसी के माध्यम से कवि ने अपने जीवन के आदर्श को भी व्यक्त किया है। इसी तमसा नदी की तरह गंगाधर मेहेर का समग्र जीवन निवेदित रहा और वे किसी प्रत्याशा का भाव ना रखते हुए भगवान के प्रति संपूर्ण समर्पित होकर केवल अपने को बूंद बूंद कर अपनी जमीन और मानवता के लिए उन्होंने समर्पित किया है। गौतम बुद्ध की भाषा में ऐसे कामनामुक्त जीवन को निर्वाण कहते है। सांसारिक हिसाब-किताब और लाभ- हानि से ऊपर उठकर जिस तरह उन्होंने अपना जीवन जिया था , वह उनके इस आत्मकथा रुपी रचना में साफ झलकता है। महान कवि के चरित्र चित्रण में चाहे नदी हो या नारी हो, आकाश हो या धरती, पंछी या मानव हो, वृक्ष हो या प्राणी जगत, हर जगह अपने खुद के प्राण का स्पंदन ही उसमें संपूर्ण भाव से भरा होता है। इसी दृष्टि से उनकी

आत्मप्रवृत्ति बना यह पद पाठकों के मानस को आल्हादित करने की शक्ति से भरा हुआ महसूस होता है।

विश्व कवि रविंद्र नाथ भी ऐसे ही भावधारा को लेकर साहित्य सर्जन कर रहे थे। गीतांजलि भी उनके ही आत्मा मुक्ति की पुष्पांजलि है। इस उपनिषदीय भाव में परिपूर्ण पुस्तक ने हर व्यक्ति के प्राण को स्पन्दित किया है। क्योंकि इसमें उनके आत्म अनुभव की श्रेष्ठ अभिव्यक्ति समाई हुई है। गीतांजलि के हर काव्य में यह भाव अत्यंत सुलभ दिखाई देता है पर प्रसंग के अनुसार इस कविता का एक भाव यहां पर दर्शाया गया है। अंग्रेजी में ओड़िशा के विशिष्ट कवि हर प्रसाद दास द्वारा अनुदित गीतांजलि की कविता को यहां पर प्रस्तुत किया गया है। अंग्रेजी कविता के आत्मसृजन में हर प्रसाद दास अपनी सत्ता खो चुके दिखाई देते हैं और ओड़िया पद विन्यास की दृष्टि से यह अपूर्व भाव उद्भाषित हुआ है। अतः अंग्रेजी पद का उद्धरण ना कर केवल हर प्रसाद जी द्वारा उपस्थापित अनुवाद के आधार पर ही रविंद्र जी की प्रतिभा का आकलन किया जा सकता है। इस तरह तुलनात्मक अध्ययन के क्षेत्र में भी ऐसे ही अनुवाद उद्धृत करते हुए रविंद्र और गंगाधर के प्रकृति गौरव को रेखांकित करना चाहता हूं, जिससे रविंद्र और गंगाधर के प्रकृति वैभव वर्णन को रेखांकित किया जा सके। हर प्रसाद दास अनुदित गीतांजलि के जिस पृष्ठ में गंगाधर की रचना के साथ अद्भुत समानता है उसे उल्लेख करते समय रविंद्र के हृदय से निकली वाणी को सुना जा सकता है महसूस किया जा सकता है। अंग्रेजी गीतांजलि के बारहवें कविता में जो भावार्थ है उसका सारांश है - अनेक दिन की यात्रा में निकाला यात्री खुद कवि है सारे जगत में घूम-घूम कर जब उसकी

आंखें भाव विभोर हो गई है आंखें बंद होती जा रही है तब वह अपने आराध्य प्रभु को खुद के अंदर देख पता है।

कवि ने लिखा है -

आसिलिणी डेइँ केते गिरिवन
ग्रह रे तारा रे छाडि मो चिन्ह
अनुसरी केते मते
केउंठी अछ है डका पारी जेबे खोजिली नयन जले
अछि मुँ अछि र सहस्त्र धारा वही गला धारातले (ओडिआ लिप्यंतरण)

गीतांजलि के पृष्ठ संख्या 25 के इस कविता के पंक्तियों में तपस्विनी के उपरोक्त पद पर जब हम दृष्टि डालते हैं तब देखते हैं दोनों में वास्तव में कितना सामंजस्य है , दोनों की कविता में कहां पर समानता है । यहां समानता नहीं दिखाई देती मगर अंतर्दृष्टि लेकर तपस्विनी में उल्लेखित पद और गीतांजलि की इस कविता के अंतर में प्रवाहित जो अंदर का सत्य है वही दोनों कवियों के अंतरात्मा की समान अनुभूति है । रविंद्र उस परम सुंदर के खोज में यात्री बनकर निकले हैं, तपस्विनी काव्य में तमसा जल दान कर खुद को धन्य कर रही है। मगर तमसा नदी के इस अविरल गतिशीलता क्या किसी एक निश्चित लक्ष्य में पहुंचने के लिए नहीं है। इसका उत्तर हमें अगले पदों में मिलेगा हालांकि प्रत्यक्ष तौर पर रविंद्र की रचना की तरह तमसा का उद्देश्य अभिव्यक्त नहीं है मगर यह बात स्पष्ट है कि सती सीता को पाने की उसके जन्म-जन्मांतर की साधना मानो सफल हुई है। वह वन-जंगल को पार करते हुए अविरल प्रवाहित होती चल रही है , कि एक न एक दिन सीता के संस्पर्श में आएगी और पवित्र हो

जाएगी। तब प्रश्न उठता है कि रविंद्र के ईश्वर और गंगाधर में की सीता, क्या एक समान है ...

इसका उत्तर बिल्कुल साफ है , सीता उस दिव्य अंश की अधिकारिणी है जो ईश्वरीय सत्ता के साथ संपूर्ण, एक और अभिन्न है। सारी दुनिया घूम-घूम कर अंत में रविंद्र जब अपनी आंखें बंद करते हैं तो वे अनुभव करते हैं कि अपने अंतरात्मा में वही परमेश्वर विराजमान है। इसी तरह तमसा नदी भी अनेक आलोकित और अंधकारमय पथ अतिक्रमण करते हुए अपने वास्तविक लक्ष्य स्थल पर पहुंचती है। उसके जीवन का श्रेष्ठ अनुसंधान है सीता की प्राप्ति के लिए व्याकुलता। रविंद्र जब नयन के अश्रु जल से आप्लावित होकर बुलाते हैं तब उत्तर मिलता है- मैं हूं तुम्हारे ही हृदय में-। ठीक उसी तरह तमसा की ध्यानमग्न गति सीताजी को आलिंगन करने के बाद मानों सार्थक हुई है। रविंद्र एक ऐसे स्त्रोत का नाम है जो एक निर्मल और गहरी इच्छा शक्ति लेकर अपने अंतःस्थल की यात्रा के उद्देश्य से निकले हैं । इस तरह तपस्विनी में गंगाधर ही खुद वह तमसा नदी हैं, जो सीता के दिव्य आगमन की प्रतीक्षा में प्रार्थनारत थी। गंगाधर भी रविंद्र की तरह एक सरल तरल भक्ति स्रोत हैं जिसका नाम है - तमसा -। इस अंतरंग अनुभव के मध्य रविंद्र और गंगाधर दोनों कविसत्ता में जो निहित भाव है उसको अगर हम अनुभव करें तो वह है दिव्य सौंदर्य, दिव्य आलोक, दिव्य शक्ति और दिव्य संगति के प्रति दोनों ही कवियों का प्रभावशाली आकर्षण , इस भावबिंदु में दोनों ही कवि एक और अभिन्न लगते है।

रवींद्रनाथ के ईश्वराभिमुख आत्मा का संगीत गीतांजलि में साफ झलकता है। कवि का जीवन कितने ही उत्तरदायित्व और व्यस्तताओं में गुजारा है। इस कर्म चंचलता के मध्य वे जागरुक

बने रहे और मानों इसी भाव को लेकर की इस संसार में उनका आगमन हुआ है। ऐसी ही सचेतनता वैदिक ऋषियों के ईश्वर अनुसंधान के साथ समानता रखती है। यहां पर उल्लेखनीय बात यह देखी जा सकती है कि रविंद्रनाथ और गंगाधर इसी ऋषि परंपरा के उपयुक्त उत्तराधिकारी हैं। रविंद्र की आत्मा में जो उल्लास का भाव था वह गंगाधर के पास भी देखा जाता है। इसका संकेत स्पष्ट है कि समूची गीतांजलि को रविंद्र नाथ के अंतर जीवन की एक बहती हुई स्त्रोतस्वीनी माना गया है। उन्होंने अपनी आत्म-उपलब्धि को संपूर्ण तौर पर प्रत्यक्ष भाव से व्यक्त किया है। गंगाधर ने अपने जीवन के आभिमुख्य को सीधे तौर पर ना कहकर उसे विभिन्न चित्र और चरित्र के माध्यम से रूपांतरित किया है। अगर इस तरह की आत्मअभिलाष उसमें नहीं झलकती तो तपस्विनी महाकाव्य का और कोई स्वतंत्र महत्व नहीं होता । यहां मात्र विषय वस्तु का चयन कर उसे केवल पदों में सज्जित कर देना ही कवि का लक्ष्य नहीं था। राम-सीता प्रसंग को महर्षि वाल्मीकि, संत तुलसीदास, महाकवि कालिदास, भवभूती या कवि बलराम दास जैसे श्रेष्ठ रचनाकारों ने अपनी अपनी रचनाओं में उस तरह प्रकाशित नहीं कर पाए हैं जो अभिनव अनुभव -तपस्विनी- में साफ दर्शाया गया है। इसीके आधार पर यहां किसी भी कवि की मौलिकता को अस्वीकार नहीं किया जा रहा है, क्योंकि अपने-अपने क्षेत्र में हर कवि एक स्वतंत्र महिमा से उद्भाषित हैं और गंगाधर केवल उनका अनुसरण कर रहे हैं, इसमें कोई संदेह नहीं है। रविंद्रनाथ ने जिस अंतःभावना को गीतांजलि में व्यक्त किया है वही महत्व की आत्मानुभूति भारतीय ऋषियों के कंठ से ध्वनीत हो रही है । फिर भी रविंद्रनाथ एक मौलिक और उच्च कोटि की प्रतिभा , एक ज्योति रेखा बने हुए है । क्योंकि

जब उत्तराधिकारी के सूत्र में उन्होंने अपनी अनुभूति को प्रकाशित किया है उसमें जो भी विषय आए हैं वह उनकी संपूर्ण मौलिक आत्म-उपलब्धि ही है । भारतीय ऋषि आत्मा के उच्चारण को पूरी तरह अगर आत्मसात न किया होता तो रविंद्र की रचनाओं में, खासकर गीतांजलि में उस संगीत का झंकार कभी नहीं मिलपाता । अतः दोनों कवियों की प्रतिभा मे पवित्र प्राच्य भूमि के ऋषि दर्शन की प्रतिष्ठा भी साफ झलकती है ।

अपने जन्म और जीवन रहस्य का भेद जानचुके रविंद्रनाथ जब जब आँख मुँदकर अपने अंतर के मध्य सृष्टिनिबद्ध करते हैं तो ईश्वर के सुकोमल भाव को अपने अंदर वे देख पा रहे हैं। महाभारत में जिस तरह अर्जुन श्री कृष्ण के विश्वरूप को देखकर विस्मृत विमुढ हो गए थे उसी तरह ईश्वरीय अंतर्दशन को एक भिन्न रूप में देखकर रविंद्र को अनुभूति हुई है कि परमेश्वर को विभिन्न रूप में देख पाना ही तो कवित्व की प्रकाष्ठा है। सभी कवियों की अनुभूति में समानता ढूंढना अर्थहीन है। रविंद्र जिस अनुभूति को अनुभव करने में समर्थ हुए, उसी तरह गंगाधर भी तमसा की स्वच्छ धारा के साथ मिलकर सीता का सानिध्य लाभ करते हैं । यही विरल,विविध चित्रण और वैचित्रपूर्ण विवरण ही साहित्य जगत की अनुकृतियां हैं। गंगाधर के वर्णन हों या रविंद्र के अंतःभावना हो, दोनों की स्वतंत्रता अलग है और दोनों की आत्मअनुभूति की समानता भी इसमें साफ दिखाई देती है।

-----------0-----------

गीतांजलि की पहली कविता और गंगाधर के "भरोसा" कविता में ईश्वरीय करुणा

विश्व कवि रविंद्रनाथ ईश्वर की करुणा पर जिस तरह आस्थावान थे लगभग उसी तरह के भाव गंगाधर की कविताओं में भी साफ दिखाई देते हैं । गीतांजलि के जिस अंग्रेजी संस्करण को नोबेल पुरस्कार से सम्मानित किया गया था वह रविंद्र द्वारा अनूदित एक कविता मात्र नहीं है उसमें सृजनशीलता की स्वतंत्रता है, इसे कई आलोचकों ने भी स्वीकार किया है । ओड़िशा के विशिष्ट कवि हर प्रसाद दास ने अंग्रेजी गीतांजलि का ओड़िआ अनुवाद करते समय रविंद्र के अंग्रेजी गीतांजलि का अनुसरण करने के साथ यह भी स्पष्ट कर दिया है कि स्वतंत्र सृजन के आलोक में गीतांजलि केवल मात्र एक अनुवाद बनकर नहीं रह गई है । इस अंग्रेजी गीतांजलि के संस्करण में स्थानित पहली कविता के साथ गंगाधर मेहेर की "भरोसा" शीर्षक कविता में जो भावात्मक समानता दिखाई देती है वह इस प्रबंध के अवलोकन का विषय है।

रविंद्र के कविता का भावानुवाद करते समय कवि हर प्रसाद दास ने जिस तरह लालित्यपूर्ण शैली में उसकी उपस्थापना रखी है उसी को आधार बनाकर हम इस तुलनात्मक आलेख को प्रस्तुत कर सकते हैं । रविंद्र के अंग्रेजी कविता का यहां उद्धरण दिया जा सकता है । मगर उससे दूर हटकर हर प्रसाद दास के ओड़िआ अनुवाद के आधार पर दोनों कवियों के हृदय की भावनाओं का अगर हम विश्लेषण करें तो वह पाठकों के लिए ज्यादा उपयोगी होगा ऐसा हमारा विश्वास है ।

रविंद्र के ईश्वर अर्पित हृदय को भला कौन नहीं जानता। इस कविता की हर पंक्ति में उसी पवित्र भावानुभूति का एकांत दर्शन होता है। अपना जीवन रूपी पात्र ईश्वर द्वारा पूर्ण होता है और फिर शून्य होता है फिर जीवन पुष्प से भर जाता है। सुंदरतम का यह जो अनुपम दान है उसे रविंद्र अपने लिए सर्वश्रेष्ठ आशीर्वाद मानते हैं। मानव जीवन कितना छोटा है मगर ईश्वरीय करूणा का स्पर्श पाकर वह अपने में विशालता का अनुभव करता है। रविंद्र की चेतना इस तरह प्रफुल्लित और परमानंद में उत्फुल्लित थी कि उनके शब्द चयन में भी वही आनंद मंगल रूप ही प्रतिबिंबित होता दिख रहा है। अगर रविंद्र एक समर्पित जीवन के अधिकारी नहीं रहे होते तो अपनी कविता में इस तरह का भाव प्रस्फुटित नहीं कर पाते। जब कविता मर्मस्पर्शी होती हैं तब कवि का व्यक्तित्व कविता मे साफ झलकता है। रवींद्रनाथ थे भक्ति मिश्रित एक उच्च कोटि के व्यक्तित्व। ईश्वरीय अनुभूति गहरी से गहरी ना हो और भाव अगर अंतरंग ना हो, तो इस तरह की रचना असंभव ही होती है। अपने जीवन काल में रविंद्रनाथ विभिन्न परिस्थितियों को लेकर कम भाराक्रांत नहीं थे। उस परिस्थिति में जीने को मजबूर होने के बावजूद उनका अंतर्मन सदा-सर्वदा अविचलित रहता था। जब कोई कवि, कोई भक्त एकाग्र मन और स्थिर भाव से भगवान के प्रति अपने हृदय का नैवेद्य अर्पित करता है तब जाकर कविता ऐसी लालित्यपूर्ण और प्रेरणादायक मधुर संगीत बन जाती है, वास्तव में जिसकी कोई तुलना नहीं हो सकती। रवींद्रनाथ की कविताएं इसी ईश्वरीय भाव का संकेत देती हुई दिखाई देती है। भगवान का दिव्य स्पर्श तो अमृत समान है उसी की प्राप्ति में कौन भला अपने आपको धन्य ना माने। हृदय से जो ध्वनि उठती है उसे शब्दों में बयां करना

कितना असंभव होता है वह बात विश्वकवि ने बताई है। ऐसा दान जो कल्पनातीत लगता हो , उसे पाकर भक्त का ह्रदय परिपूर्ण हो जाता है । युग पर युग बीतते जाते हैं। मनुष्य का शुद्ध ह्रदय जिस तरह से पूर्णता को प्राप्त करता है इस तरह शुन्य भी होता जाता है। क्योंकि परमेश्वर की करुणामय धाराप्रवाह में आप्लावित होने की उसकी अधीरता अंतहीन जो है। जो आकाश जैसी विशालता लिए महानता का द्योतक हो उनकी थोड़ी सी श्रद्धा पाकर मनुष्य का जीवन नित्य-नूतन बन जाता है। इसी भाव में रविंद्रनाथ की कविता का ओड़िया अनुवाद करने वाले हर प्रसाद दास के गीतांजलि का एक पद यहां उल्लेखित करते हैं , जिससे मर्मज्ञ पाठक ब्रह्मांड निर्माता के आशीष की महान सहानुभूति का अनुभव कर पाएंगे । हर प्रसाद दास की अनुदित गीतांजलि मौलिकता का मर्म लिए हुए है। उनका अनुवाद संपूर्ण उद्धरित करना कईयों की दृष्टि में शोभनीय ना हो , मगर कविता की अंतिम पंक्ति का उद्धरण करने का लोभ संभाल नहीं पा रहा हूं अतः कम से कम अंतिम पंक्ति का सौंदर्य उपस्थापित कर रहा हुँ -

अकल्पनीय तुम्हारा यह दान
मेरे लिए
छोटी-सी अंजुरी मेरी
भर रहे हो रात दिन
बीत गए युग पर युग
फिर भी
भर सकती
अंजुरी मेरी (ओडिआ अनुवाद नारायण दास)

भगवान के प्रति रवींद्रनाथ जिस तरह अगाध विश्वास का भाव दर्शा रहे हैं उसी तरह गंगाधर मेहेर की "भरोसा" कविता में भी वही भाव दिखाई देता है । गंगाधर भी परमेश्वर के प्रति इतने आस्थावान थे की उनके मन में यह आश बंध गई थी कि एक न एक दिन ईश्वरीय करुणा उन पर जरूर बरसेगी । वास्तव में भगवान किसी को हमेशा दुख और यातना में नहीं रखना चाहते। दिन पर दिन बीतते जाते हैं, रातें बीत जाती है, वर्ष बीत जाते हैं पर तब भी जब कवि ह्रदय मे ईश्वरीय करूणा का स्पर्श अनुभूत नहीं होता है तो व्यथित कवि कहता है-

किया है खुद जिसका सर्जन
कैसे कर सकते हो उसका वर्जन
तुम मारो या कि तारो
जो करो
मान लूंगा मैं
यही थी मर्जी तुम्हारी
(गंगाधर ग्रंथावली- पृ 318, अनुवाद नारायण दास)

यानी भगवान ने खुद जिसकी सर्जना की है उसकी वर्जना भला वो कैसे कर पाएंगे । यह परिपक्व विचार कवि के अंतर्मन से स्पष्ट झलकता है । आम आदमी की धारणा है कि भगवान हमेशा उसकी मंगल कामना करते हैं मगर उस मांगल्य का अर्थ निकल पाना इतना सहज व्यापार नहीं है । दिव्य जीवन के साधक श्री अरविंद अपनी एक रचना में कहते हैं कि अगर भगवान उनके लिए नर्कवास का विधान करेंगे तब वे क्यों कर स्वर्गवास की आकांक्षा करें। ऐसे दिव्य मानवों की एक-एक बातें स्पष्टतः यह दर्शा देती है कि मनुष्य के लिए क्या अच्छा है और क्या बुरा है

इसका रहस्य केवल परमेश्वर ही जानते हैं। तभी जो लोग उच्च स्तर के प्रभु आश्रित भक्त होते हैं वे कभी भी केवल सुख की प्रत्याशा नहीं कर पाते। वे अपना सब कुछ भगवान की इच्छा के ऊपर छोड़ देते हैं । इस चिंतन की गहराई और गंभीरता को यहां दर्शाया गया है। ओड़िआ साहित्य के विशिष्ट साधक मनोज दास ने अपने एक रचना मे लिखा 16 साल की ज़िन्दगी और कर्कट रोग से जूझ रही नायिका कि अंतिम विदाई का वास्तविक नाम गीतांजलि है। वह जब अंतिम श्वास लेती है तो उसकी सेज के नीचे कई कविताएं मिलती है। एक कविता में गीतांजलि ने लिखा है -

जब आएगा मेरा अंतिम क्षण
नहीं होऊंगी भीत भयग्रस्त
क्यों कि जानती हूं
तुम्हारा हर निर्णय
होता है करूणा पूर्ण
(अनुवाद- नारायण दास)

इस तरह की एक कविता का उद्धरण करने का कारण यह है कि गंगाधर के कविता में भी वही परम भरोसा का मार्मिक भाव झलकता है । कवि ने कहा हैः-

प्रभु सुन रखा है एक मंतर
जिसे सोच रहा मैं निरंतर
दोष करूं कैसा भी भयंकर
कर न पाओगे अपने से अन्तर
(अनुवाद- नारायण दास)

इस प्रसंग में हम अकबर-बीरबल की एक छोटी कहानी को उल्लिखित कर सकते हैं । अकबर बीरबल को पूछ रहे हैं भगवान बड़े हैं या मैं बडा हूँ । बीरबल बड़ी चतुराई के साथ उत्तर देते हैं कि आप ही श्रेष्ठ हैं क्योंकि आप चाहे तो अपने राज्य के किसी व्यक्ति को बाहर निकाल सकते हैं , मगर भगवान के लिए ऐसा करना संभव नहीं है क्योंकि हम जो भी अपने आसपास देख रहे हैं, या जो नहीं भी देख पा रहे हैं उसके सृष्टिकर्ता खुद भगवान ही हैं। अतः वह अपने विशाल राज्य से कैसे किसीको निकाल सकते हैं । ठीक उसी बात के मर्म को "भरोसा" कविता में दर्शाया गया है । भगवान की शुभेच्छा पर आस्था कैसे रखी जाती है उस पवित्र भाव को गंगाधर ने अपनी अर्थपूर्ण कविता के जरिए प्रकट किया है । ईश्वर के प्रति दोनों ही कवियों ने जो भरोसा दर्शाया है उसमें कोई अतिश्योक्ति दिखाई नहीं देती है। अपने परमप्रिय के लिए दोनों के मन मे जो भाव है उसकी संगीतमय ध्वनि दोनों की कविताओं को असामान्य शक्ति प्रदान करती हैं। इस दृष्टि से दोनों की कविता का अनुशीलन किया जाए तो दोनों में संप्रसारित समर्पण भाव का संगीत अवश्य ही स्मरणीय और अनुकरणीय रहेगा ।

------------0----------

पत्नी वियोग की शोक धारा में रविंद्र और गंगाधर

पिता महर्षि देवेंद्र नाथ ने अनुभव किया था कि उनका सुपुत्र रविंद्र विशुद्ध रोमांटिक स्वभाव के व्यक्तित्व वाला युवक है । अतः उन्होंने रवीन्द्रनाथ को अपने नियंत्रण में रखने की आवश्यकता अनुभव की थी। और उनके इस अभिलाषा फल था कि रवींद्रनाथ के जीवन में मृणालिनी देवी का आविर्भाव हुआ । उनका बचपन का नाम था भबतारिणी । रवींद्रनाथ अपने यौवनकाल में नलिनी नाम की एक तरुणी के प्रेम में मग्न थे, जिसे आधार बनाकर उन्होंने एक नाटक की रचना भी की थी। नलिनी नाम को स्मरणीय बनाए रखने के लिए भबतारिणी को उन्होंने नया नाम दिया मृणालिनी। पिता देवेंद्र नाथ ने जिस रोमांटिक भाव से रविंद्र नाथ को बचाने का प्रयास किया था रविंद्र अपने जीवनसाथी को उसी भावनात्मक संसार में खींच ले गए और प्रेयसी के नाम के साथ सामंजस्य रखने वाले एक नए नाम का अर्घ्य उन्होंने पत्नी को समर्पित किया।

मृणालिनी देवी वास्तव में रविंद्रनाथ की पत्नी होने योग्य थी। जिस आदरभाव और देख-रेख में उन्होंने रविंद्र को अन्य समस्त दायित्व से मुक्त करके रखा था उसके चलते रविंद्र की प्रतिभा और अधिक पुष्पित-पल्लवित हो पाई थी । टैगोर परिवार धनवान था लेकिन मृणालिनी देवी की पारिवारिक स्थिति किसी भी हालत में टैगोर परिवार से तुलनीय नहीं था । ऊपर से मृणालिनी

देवी निरक्षर थी । फिर भी अपने पिता द्‌वारा चयनित की गई लड़की को अस्वीकार कर पाना, अपनी अनिच्छा का प्रदर्शन करना रविंद्र के लिए असंभव था । मृणालिनी देवी ने पांच पुत्र- कन्या को जन्म देकर टैगोर परिवार को अमूल्य उपहार प्रदान किया था। कवि या कलाकारों के जीवन में विधाता विच्छेद का दुख क्यों भर देता हैं इसका रहस्य केवल वही जानता है। प्रियजनों के वियोग से व्यथित रविंद्र को अगर गहराई से समझने का प्रयास करें तो उनके तीव्र वेदनासिक्त हृदय के स्पंदन को अनुभव किया जा सकता है। शांतिनिकेतन में नया घर बनने के कुछ ही दिनों बाद पत्नी मृणालिनी गंभीर बीमारी से ग्रस्त हो गई थी। उन्हें उपयुक्त ईलाज के लिए कोलकाता ले जाया गया । मगर मृणालिनी देवी स्वस्थ होकर रवींद्र सदन लौट नहीं पाई । सन 1902 नवंबर 23 को उनका देहांत हो गया । जो रविंद्र के साथ समग्र टैगोर परिवार को शोकाकुल कर गया ।

मृणालिनी देवी ने दो दशक तक जिस तरह खुद को रविंद्र के प्रति संपूर्ण समर्पित कर दिया था उससे रविंद्र का जीवन शृंखलित होकर साहित्य साधना के अनुकूल बन पाया । वे अत्यंत साधारण पोषाक पहनती थी, गहनों के प्रति भी उनके मन में किसी तरह का कोई आकर्षण नहीं था । पति के आदर्श के अनुरुप खुद को ढ़ाल लेना ही जैसे उनके जीवन का मूल मंत्र था। वे बच्चों को हमेशा सुंदर सुंदर वस्त्र पहनाती और उसीमें वे अपने हृदय के सौंदर्य का प्रतिफलन देख पाती थी । आरंभिक दिनों में पढाई लिखाई न कर सकने वाली मृणालिनी देवी रविंद्र के प्रभाव से मातृभाषा बंगाल में निपुण हो गई थी केवल इतना ही नहीं काफी कम दिन में संस्कृत और अंग्रेजी भी सीख गई थी । फिर रविंद्र की प्रेरणा से उन्होंने रामायण के कुछ अंश बांग्ला में अनुवाद किए

थे । आश्चर्य की बात है कि अपने स्वामी द्‌वारा लिखे गए और निर्देशित किए गये नाटकों में भी उन्होंने अभिनय किया था और रविंद्र के ह्रदय में अपूर्व आनंद की अनुभूति भर दी थी। जब वह बीमार हूई तब रविंद्र उनके बहुत निकट हो गए थे। खुद पत्नी के पास उपस्थित रहकर उनकी सेवा करते थे । उस समय बिजली या पंखा नहीं था कभी-कभी तो रात-रात भर हाथ का पंखा लेकर मृणालिनी देवी को ठंडी हवा का झोंका देते थे । जिस दिन मृणालिनी ने अंतिम सांस ली उस दिन और किसी को उस परिसर में आने नहीं दिया और सारी रात उनके मुख मंडल को शोकाकुल और प्रेम पूर्ण नैनों से देखते हुए रविंद्र ने पत्नी के सानिध्य में सारी रात बिताई । जीवन की ऐसी कौन सी अनुभूति होगी जिसे रविंद्र ने अपने साहित्य में स्थान नहीं दिया है । उनकी अनेक कविताओं में यह शोकपूर्ण आवेग विशुद्ध पत्नी प्रेम निमित्त पूजा फूल बनकर रूपांतरित हुआ है । दुख के शैया पर अश्रुपूर्ण आंखें किस तरह वेदना से कराह रही हैं इसका वर्णन उन्होंने मार्मिक भाव से प्रकाशित किया है । परमेश्वर को संबोधित करते हुए रविंद्र ने शोकमय भाव का जो प्रखर श्वास छोड़ा है उसे पाठ कर पाठक का समग्र शरीर रोमांचित हो जाता है । उन्होंने जो लिखा है उसका भावार्थ कुछ ऐसा होगा .....

रात बित प्रभात आ चुका है, बांह पसारकर तुमने उसे अपने पास बुला लिया है। हे भगवान अब मेरा समग्र उत्सर्ग तुम्हारे लिए, तभी उपस्थित हूं तुम्हारे पास । मेरा गृहांगन तो अत्यंत ही संकरा है यहां से जो जाए , कभी प्रत्यावर्तन नहीं कर पाए। हे, प्रभु तुम्हारा प्रासाद तो है सीमाहीन । फिर भी मृणालिनी को ढूंढने की गहरी आश लिए तेरे दर पर उपस्थित हूं।

रविंद्र की यह शोकपूर्ण हृदय विदारक रचना अश्रुधारा बनकर भला किसके हृदय को आन्दोलित नहीं कर देगी। रविंद्र अपने पत्नी द्वारा प्रयोग में आने वाली हर चीज में उनकी स्मृति ढूंढते हैं । ढूंढ़ते समय उन्होंने मृणालिनी देवी द्वारा लिखी गई कई चिट्ठियों का उल्लेख किया है । उन्होंने अपने जीवन की परम संपदा के तौर पर इन्हे संजोए रखा था । बाद में एक कविता संकलन की रचना की जिसका शीर्षक था " स्मरण" रविंद्र और मृणालिनी के प्रेमपूर्ण जीवन का स्मरण करने के साथ हम स्वभाव कवि गंगाधर मेहेर के जीवन में भी अनुरूप पत्नी विच्छेद के प्रयोगात्मक दुख को देखते हैं जो हृदय को द्रवित कर देता है ।

गंगाधर की पत्नी का नाम था शांता। वे वर्तमान के बरगढ़ जिले के रेमंडा गांव की बेटी थी । कवि परिवार में उनके आगमन के उपरांत शांता मानों वहां शांति देवी का आविर्भाव बनगई थी। उनके दो बेटी और दो बेटे हुए और मानों यही उपहार देकर जैसे धरती पर उनकी भूमिका समाप्त होने वाली थी। कौन भला सोच सकता था कि ऐसा एक संकट बरपाली गांव के कवि परिवार पर आने वाला है । उस समय कोलेरा(हैजा) जैसी महामारी आम जनता को काफी परेशान करती थी। कोई प्रतिषेधक दवा न होने से कितने ही लोग काल के गाल में समा गए थे जिसका हिसाब किसी के पास नहीं है । साल 1897 के गर्मी के दिनों इस महामारी ने जो आतंक मचाया उसे कोई नहीं भूल सकता। इस महामारी से बचने के लिए कवि परिवार के सहित बरपाली के अनेक लोग घर-परिवार और गांव छोड़कर चले गए और दूर किसी पेड़ के नीचे आश्रय लेने को बाध्य हुए। इसके बाद भले ही कवि परिवार को गांव में आने के लिए अनुमति मिली लेकिन उनका आश्रय स्थल था एक गौ-शाला। शांता देवी उस समय अस्वस्थ हो

गई थी देशीय वैद्य के ईलाज से भी उनको कोई लाभ नहीं हुआ। समग्र परिवार को शोक में डुबोकर उन्होंने अंतिम सांस ली। महामारी के गुजर जाने के बाद शांता के बगैर कविवर शून्य हृदय लेकर अपने घर वापस लौटे। यह दुख भरा संवाद पंडित नीलमणि विद्या रत्न को मिला और उन्होंने राधानाथ राय को यह खबर सुनाई। कविवर राधा नाथ ने उस समय गंगाधर को पत्र लिखकर जो आंतरिक भावना से परिपूर्ण संवेदना दर्शाई थी वह गंगाधर को मानसिक शांति प्रदान करती हुई दिखाई देती है। वह पत्र 29 जुलाई 1897 को लिखा गया था जिसमें राधानाथ जी ने लिखा - "आपकी पत्नी का असमय निधन का समाचार और परिवार के अन्य दुखदायक समाचार मुझे मिला काफी दुख हुआ। आपके जैसे व्यक्ति को सांत्वना देना निष्प्रयोजनीय है। सान्त्वना के अतिरिक्त अनेक दुख इस संसार में है। ऐसे दुखों की स्मृति को एकमात्र कल ही आहिस्ता आहिस्ता मालिन कर सकता है। इसके अलावा इसका और कोई प्रतिकार नहीं किस पीड़ा में आपकी पत्नी का निधन हुआ उन्हे कितना दिन पीड़ा का भोग हुआ, अंतिम समय में उन्होंने क्या कहा, आपकी कितने संतान है, उनका लालन-पालन, शिक्षा-दिक्षा किस तरह हो रही है यह जरूर लिखिएगा आपका हृदय किस तरह और कैसा आहत हुआ है यह में समझ पा रहा हूं" कविवर राधानाथ के संवेदना पूर्ण शब्द गंगाधर को अवश्य ही सारस्वत सांत्वना प्रदान करने में सक्षम रहे होगें। इस पत्र को अपने बचपन में कवि पुत्र भगवान मेहेर पढ़ नहीं पाए थे। जब थोड़े बड़े हुए तो इसे पढ़ कर उनका हृदय वेदना से भर उठा और राधानाथ के प्रति कृतज्ञ का भाव मन में भर गया। उन सभी पुरानी चिठ्ठियों को कवि पुत्र ने यत्न पूर्वक संजोए रखा और पितृ प्रसंग रचना के समय इसे संकलित किया

ममतामयी शांता देवी के स्नेह से वंचित उनके चार पुत्र कन्याओं में जो भावावेश उस समय उत्पन्न हुआ था वह आज केवल कल्पना चक्षु से देखा जा सकता है । वास्तव में शांता देवी का व्यक्तित्व इतना महनीय था कि उन्होने जीवन के अंतिम समय में पतिदेव से दूसरा विवाह करने का अनुरोध किया था । यह एक घटना ही अपने स्वामी और पुत्र कन्या के प्रति उनकी आसक्ति को दर्शाता है । वे रविंद्र की पत्नी मृणालिनी की तरह निरक्षर थी। मृणालिनी देवी तो रविंद्र के व्यक्तित्व के सानिध्य में रहकर एक से अधिक भाषाओं का ज्ञान अर्जित कर पाई थी मगर शांता देवी को इस तरह का मौका नहीं मिला और ना ही उन्होंने इसकी आवश्यकता अनुभव की थी । फिर भी वे गंगाधर के प्रभाव से परिपक्व बन गई थी। एक उन्नत भद्र और सुंदर जीवन शैली किसे कहा जाता है, यह वे गंगाधर को देखकर समझ चुकी थी । इंदुमती काव्य की काव्य नायिका इंदुमती के अकाल वियोग में अज के अंतर में जो भावावेश उत्पन्न हुआ था उसे गंगाधर जब भी स्मरण करते थे उन्हें लगता था कि अज की तरह उनका हृदय भी क्रंदनरत है । मृत्यु के नियम को वे इसके साथ ही समझ गए थे । एक तरफ अज की तरह ही उनकी प्राण तंत्री विलाप कर रही थी तो दूसरी तरफ वशिष्ठ ऋषि के शिष्यों के मुख में उच्चरित निरंतर सत्य को गंगाधर आत्मसात कर रहे थे । इसके लिए अपने रग-रग में विच्छेद वेदना को अनुभव करने के साथ साथ वशिष्ठ मुनि के स्तर तक भी अपने आप को ले गए थे । नम्र , नीराभिमान, मृदु भाषी गंगाधर के व्यथातुर आत्म आवेग को अगर कोई सबसे ज्यादा अनुभव कर रहे थे तो वे थे उनकी चारों संतानें। शांता देवी के शांति संचारी वार्तालाप गंगाधर के कानों में गुंजरित होते रहे । एक पल के लिए भी उन्होंने अशांति सूचक शब्द का

उच्चारण नहीं किया था। उन्हें गंगाधर किस तरह हर पल स्मरण कर रहे थे वह उनके रचित पद से व्यक्त हो जाता है -

केते अपराध करी सखी दिने
देखी नाहीं तोर मान
दिने तो मुखरू कर्कश बचन
पाइ नाहीं मोर कान
कलनादी बिणा गर्ब खर्व कर
बचन न कही पदे
गलु निमजाई देइ शोकमय
दुस्तर घोर बिपदे (ओडिआ लिप्यंतरण)

इसका अर्थ है - मैंने जीवनभर तुम्हारे प्रति कितने अपराध किए, मगर कभी भी तुम्हारा मान-अभिमान नहीं देखा, मेरे कान कभी तुम्हारे कटू वचन नहीं सुने, अब मुझे शोक सागर में डुबोकर कहाँ चली गई हो-

रविंद्र नाथ की पत्नी मृणालिनी के व्यक्तित्व और शांता देवी के जीवन के महत्व के मध्य कोई असमानता नहीं है रविंद्र मृणालिनी को केंद्र में रखकर कविताएं लिखते हैं तो गंगाधर अपने वर्णित सीता के चरित्र के माध्यम से शांता देवी के समर्पित पवित्री कृत साधना को सबसे मूल्यवान रत्न का खजाना समझ रहे हैं । गंगाधर अपने व्यक्तिगत दुख को सीधे तौर पर प्रकाशित न कर ऐसी कलापूर्ण शैली में प्रस्तुत किए हैं जो सदा स्मरणीय बनी रहेगी । वह 100 साल बाद भी साहित्य जगत में अपनी अमिट छाप छोड़ रही है । इस पत्नी वियोग की घटना गंगाधर के अनेक लेखकों के सृजन की प्रेरणा बनी । गद्य साहित्यकार श्रृद्धाकर

सूपकार ने इस करूणार्द्र घटना का अवलंबन करते हुए " गोटिए करुण राति " शीर्षक एक मार्मिक कहानी लिख डाली। जिस गल्प संकलन में इसे स्थानित किया गया है उस संकलन का नाम भी यही दे डाला है । अनेक साहित्यिक- समालोचकों ने हृदयंगम किया है कि गंगाधर मेहेर ने तपस्विनी महाकाव्य में सीता चरित्र के माध्यम से जो सौम्यता दर्शाई है उसमे शांता के स्नेहिल भाव का ही प्राकट्य भी है ।

रवींद्रनाथ और गंगाधर इन दोनों की सृजनात्मक आत्मा में अद्भुत मेल-मिलाप देखा जाता है । जीवन के दुख और वेदना को दोनों ने ही असीम धैर्य पूर्वक स्वीकार किया है जो वास्तविक दोनों के ईश्वर भक्ति का प्रतीक भी है। आम आदमी दुख को अभिशाप बताता है जबकि इन दोनों ही लेखकों ने इस दुर्लभ शक्ति के सहारे को आशीर्वाद बना दिया । जिन्हें इस पार्थिव संसार में उन्होंने खोया है क्या उनके साथ सुक्ष्म स्तर पर संयोग स्थापित करने की अद्भुत शक्ति दोनों ने प्राप्त की थी । ऐसा प्रश्न पाठकों के मन में उठना अत्यंत स्वाभाविक जान पड़ता है । ऐसे अंतर्दृष्टि संपन्न ऋषि कल्प कवि ही इंद्रियोत्तर जगत से संबंध स्थापित करते हैं जो कि ऐश्वर्या शक्ति का ही प्रभाव है । यह इन दोनों की प्रतिभा का एक अन्य गुढ रहस्य भी जान पड़ता है। रविंद्र मृणालिनी देवी को जीवन भर आंतरिक भाव से स्मरण करते रहे। इस मर्त्य मानवी मृणालिनी के साथ जब उनका परिणय संपन्न हुआ था तब मृणालिनी को मात्र 11 वर्ष हुआ था। इस तरह गंगाधर ने भी इस अपने समय के परंपरा अनुसार बाल विवाह किया था । नारी सत्ता ऐसी एक उपादान से निर्मित है जो , जिसे अपना स्वामी मान लेती है उसी दिन से उसके प्रति संपूर्ण समर्पित हो जाती है । माता-पिता, आत्मीय स्वजन सबके साथ उनका

समय भले ही कटता हो मगर मन हमेशा स्वामी देव के पास रहता है । मृणालिनी देवी और शांता देवी दोनों इसी एक परंपरा से ताल्लुक रहती हैं जिसे हम कहते हैं भारतीय संस्कृति । भारत की यह जो समृद्ध परंपरा है वह त्याग और तीतीक्षा के महाभाव का असामान्य सौंदर्य संपन्न है । भोग में नहीं त्याग में ही जीवन का सही गौरव है यह विश्वास भारतीय प्राण सत्ता में सबसे ज्यादा है आज के वामपंथी पश्चिमी आंदोलन की दृष्टि से अगर हम विचार करें तो भारतीय नारी में इसका आकलन संभव नहीं है यह बात सत्य है की परंपरा, धर्म और संस्कृति के नाम पर नारियों को अनेक प्रतिकूल परिस्थिति का सामना करना पड़ा है और अंधविश्वास से भारत को मुक्त करने के लिए अनेक समाज संस्कारकों ने अपने-अपने स्तर पर प्रयास किया है। इसके बावजूद नारी की महिमा, त्याग का अंतः सौंदर्यबोध व्यक्त करने में सफलतापूर्वक साहित्यकारों ने इसे प्रस्तावित किया है। सीता सावित्री, अनुसूया, शकुंतला जैसे महान चरित्र का प्रभाव मृणालिनी और संता देवी पर पड़ा। रविंद्र नाथ और गंगाधर के जीवन पर अगर हम नजर डालें तो इन दो महिमामंडित नारी चरित्र समुचित जाति के लिए किस प्रकार नमस्य है वह बार-बार प्रमाणित होता रहा है ।

एक विशेष उद्देश्य लेकर इस मर्त्य भूमि में एक-एक मानव का आविर्भाव होता है और अपने कार्य संपादन के बाद वे वापस चले जाते हैं उस रहस्यमय जगत में जहां से स्वधर्म पालन के लिए वे आए होते हैं । रविंद्रनाथ की संगिनी मृणालिनी और गंगाधर की सहधर्मिणी शांता का जन्म , उनकी जीवन धारा और महाप्रयाण इस सत्य का अर्थपूर्ण उन्मोचन मात्र है । अगर इन दोनों का आगमन न हुआ होता तो गंगाधर के सारस्वत साधना

और पारिवारिक जीवन में तथा रविंद्र के कविता सृजन में उत्तराधिकारियों का जीवन आवाहन संभव ना हो पाता । मृणालिनी और शांता देवी को हम आम दृष्टि में केवल एक सुगृहिणी कहकर संबोधित नहीं कर सकते । दोनों ही एक दिव्या सत्ता की शुद्ध धारा थीं, जिसे हम देवी सत्ता के तौर पर ग्रहण कर सकते हैं और हृदय का भक्ति नैवेद्य श्रद्धापूर्वक अर्पण कर सकते हैं।

------------0-----------

कवि पुत्र शमिन्द्र और अर्जून

समीद्रं नाथ टैगोर विश्व कवि रवींद्र नाथ के सबसे छोटे और पांचवें पुत्र थे । सन1896 में कोलकाता के जोडासांको मे रहने वाले टैगोर परिवार में उनका जन्म हुआ। अपने इस पुत्र के स्वभाव और बाल्यकाल में रविंद्र नाथ ने खुद को देखा। उनके मुख मंडल के सौंदर्य में रविंद्र के बचपन की छटा साफ दिखाई देती थी। महज 6 साल की उम्र में समीद्रं के सर से मां का साया उठ गया था। मां की मृत्यु के बाद रविंद्र के साथ वे शांतिनिकेतन चले आए वहां पिता रविंद्र के अलावा अपनी बुआ के द्वारा उनका लालन पालन हुआ। यह बुआ राजलक्ष्मी देवी रविंद्र के पत्नी मृणालिनी देवी के जीवनकाल के समय ही उनके साथ रहती थी। वास्तव में मृणालिनी देवी के अनुरोध से उन्होंने समीद्रं के साथ रविंद्र के परिवार के देखभाल में खुद को नियोजित कर लिया था। मगर दुर्भाग्य की बात है कि कवि पुत्र समीद्रं के भाग्य में बहुत कम उम्र लिखी थी । अपने इस बच्चे को देखकर रविंद्र नाथ ने मन ही मन कई सपने बुने थे मगर उनके स्वल्प आयु में स्वर्ग सिधार जाने के बाद रविंद्र की सारी कल्पनाएं धरी की धरी रह गई। मात्र 12 साल 11 महीने 10 दिन के बाद समीद्रं का इंतकाल हो गया। वह जिस तरह ज्वर पीड़ित होकर स्वर्ग सिधारे उसने रविंद्र के हृदय को शोक से भर दिया। समीद्रं संगीतप्रिय थे और बहुत भावुक थे काफी कम उम्र से उन्होंने अपने प्रतिभा का परिचय दिया था । समीद्रं जब अपने मधुर कंठ से गाना गाते थे तो पूरे परिवेश में एक भावनात्मक वातावरण बन जाता था। पुत्र शोक में अधीर हो चुके रविंद्र नाथ को शांतिनिकेतन में थोड़ी शांति मिली। जिसके चलते अपने जीवन में घटित शोकाकुल घटनाओं को

उन्होंने सहर्ष स्वीकार किया। आत्मीय स्वजन उन्हें सांत्वना देते रहे। जिस संकल्प को लेकर रविंद्र काम कर रहे थे उसे वे इस शोक पूर्ण वातावरण में भी जारी रखे हुए थे । इस घटना के बाद रवींद्रनाथ ने अपने साहित्य में जब कभी किसी शिशु चरित्र का सृजन किया है तो उसमें समीद्रं की छाप स्पष्ट देखी जा सकती है । उन्होंने- डाकघर- नामक नाटक में समीद्रं के स्वभाव को लेकर बालक अमल का चरित्र चित्रित किया है। उनके कविताओं में भी मृणालिनी देवी और समीद्रं की स्मृतियों को स्पष्ट देखा जा सकता है।

मात्र 10 वर्ष का बालक समीद्रं। अपने पिता के लिए उन्होंने कई पत्र लिखे हैं जिसे पढ़कर पाठक आश्चर्य में पड़ जाते हैं। एक पत्र में उन्होंने लिखा अंग्रेजी पढ़ नहीं पा रहा हूं, भूगोल और इतिहास भी नहीं , जब कभी कुछ देख रहा हूं तो मैं खुद को घर के अंदर पाता हूं। गुलाब के पौधे में अभी तक फूल नहीं खिला है,कदम्ब भी नहीं खिला, केवल बकुल के फूल आए हैं। यह पत्र उन्होंने बोलपुर से लिखा था। इस तरह उन्होंने अपनी दीदी मां राजलक्ष्मी देवी के लिए लिखा है मैं 1907 में एक सुंदर खत लिखा । इसमें उन्होंने लिखा दीदी मां कुछ दिन पहले तुम्हारा पत्र मिला मगर परीक्षा के कारण उत्तर नहीं दे पाया हूं, आज कुछ दिनों बाद समय मिला है फिर से परीक्षा शुरू हो जाएगी, आप कैसे हो, मैं अच्छे से हूं । अपनी बड़ी बहन माधुरी लता के लिए भी समीद्रं ने पत्र लिखा है। जिसमें अपने परीक्षा के बारे में उल्लेख किया साथ ही एक अध्यापक के पास जो पत्र लिखा उसमें उनकी लिखने की शैली स्पष्ट दिखाई देती है । पत्रों में अनेक तथ्य मिलते हैं, एक पत्र में उन्होंने चंडी दास के जन्म स्थान के बारे में लिखा है इससे स्पष्ट मालूम होता है कि सारस्वत साधकों के प्रति

इस बच्चे के मन में कितना आग्रह था । बड़े भाई रथींद्र नाथ और उनके सहपाठी दोस्त संतोष चंद्र मजूमदार को भी उन्होंने छोटे-छोटे पत्र लिखे हैं । पत्र लिखना बंद न करने के लिए रथींद्र ने समीद्रं को उपदेश दिया । समीद्रं के जापानी भाषा पढ़ने का आग्रह जानकर वे खुश हैं। रथींद्र ने जापानी भाषा नहीं सीखी थी अतः छोटे भाई के इस भाषा सिखने को लेकर वे काफी खुश थे। दूसरे एक पत्र में उन्होंने लिखा है कि यहां सभाएं तो होती है इसके अलावा हर सप्ताह भाषण प्रतियोगिता भी होती है। मैं भाषण के लिए गया था यहां दुनिया के श्रेष्ठ व्यक्तियों की जीवनी संग्रहित है । तुम्हारी पढ़ाई किस तरह चल रही है, विद्यालय में बाकी सब कैसे हैं, इस तरह अनेक बातें रथींद्र नाथ समीद्रं के लिए लिखते हैं । उन दिनों पत्रालाप ही भाव विनिमय का माध्यम था। केवल 8-10 वर्ष उम्र वाले बालक के साथ इस तरह का पत्रालाप ही किसी भी पाठक को मंत्रमुग्ध कर देता है । ऐसे पुत्र रत्न की प्राप्ति के बाद उसे जल्द ही खो देने का दर्द कितना गहरा होगा, इसे भला कैसे वर्णित किया जा सकता है। शांतिनिकेतन में रविंद्र भवन स्थित संग्रहालय में एक नोटबुक रखी गई है जिसमें समीद्रं का हस्ताक्षर है। नोटबुक पर लिखा गया है वंदे मातरम। इस नोटबुक में कई गीत लिपिबद्ध किए गए लिखे गए हैं उसमें एक सूची बनाई गई है 10 संपूर्ण गीत और एक गीत के चार पद लिखे गए हैं । हर गीत के अंत में समींद्रनाथ ठाकुर का दस्तखत है। इससे स्पष्ट होता है की बचपन से ही अपने पिता के द्वारा लिखे गए संगीत की प्रति संमीद्र के मन में कैसा भाव रहता था। समींद्र के देखरेख को लेकर रवींद्रनाथ टैगोर बहुत ही सचेतन रहते थे। यह सुबोध चंद्र मजूमदार को लिखे गए पत्र से साफ हो जाता है। समींद्र के अकाल वियोग को रविंद्र नाथ किस तरह लेते हैं इसके संबंध में

पाठक के मन में जिज्ञासा का होना जरूरी है। अपने छोटे जीजा जी नागेंद्र नाथ को रविंद्र ने पत्र में लिखा कि ईश्वर संसार में जब हमें दुःख देते हैं उसे सहर्ष स्वीकार कर लेना होगा । जब ईश्वर कोई दुःख देते हैं उसे सहर्ष मान लेना हमारी सहनशीलता और धैर्य को दिखाता है । आघात या दर्द जितना भी बड़ा हो उसको ग्रहण करने का सामर्थ्य उतना ही दृढ होना चाहिए । ऐसे एक वाक्य से पता चलता है कि अपने प्रिय पुत्र के इंतकाल को रविंद्र ने किस सहजता से ग्रहण कर दिया था । इस 10 वर्ष से बालक समीद्रं की स्मृति में राथींद्र नाथ, मीरा देवी , अलंबा दास, भूपेंद्र नाथ सान्याल, जतिंद्रनाथ मुखोपाध्याय, अरुण प्रकाश बंदोपाध्याय, सुधाकांत राय चौधरी, मुकुल चंद्र दे जैसे अनेक विद्वानों ने लेख लिखे हैं। संमीद्र किस तरह गाने गाते थे उनका स्वर कितना मधुर था। अभिनय करने में भी वह कैसे आग्रही थे,ये सारी बातें अनुभूति के तौर पर लिखी गई है। संमीद्र के साथ जो भी संपर्क में आए वे उनके स्नेह बंधन से अभिभूत रह गए । इसके अलावा संमीद्र के बारे में और एक अलौकिक विषय वर्णित है वह है प्लान चेक के माध्यम से संमीद्र और रविंद्र के मध्य पारलौकिक कथोपकथन कैसे संभव हो पाया है।

इन सभी विषयों पर चर्चा करते समय मन में जो भाव आता है वैसा ही भाव स्वभावकवि गंगाधर मेहेर के बड़े पुत्र अर्जुन मेहेर के असमय निधन से भी आता है । आश्चर्य की बात है कि रवींद्रनाथ और गंगाधर दोनों के जीवन में ऐसी सामान घटनाएं होती है और दोनों ही कवि विशाल धैर्य का परिचय देते हुए अपने ऊपर आए आपदा और दुःख को ईश्वर की करुणा मानकर सहन कर पाए हैं। अर्जुन को लेकर कवि गंगाधर भी कम सपने नहीं देखे थे। पुत्र अर्जुन का रंग गंगाधर की तरह ही गोरा था, खुद कवि

पुत्र अर्जुन में गंगाधर अपने स्वरूप को देखते थे। अर्जुन बरपाली में चौथी कक्षा तक पढ़ने के बाद अंग्रेजी शिक्षा के लिए संबलपुर भेज दिए गए। संबलपुर जिला स्कूल के प्रधान शिक्षक दाशरथी पाणिग्रही के ऊपर अर्जुन का सारा उत्तरदायित्व सौंपकर गंगाधर निश्चिंत हो गए थे। मगर विधि का विधान अलग था। एक दो महीने के बाद अर्जुन को बुखार आया कई बार इलाज करने के बाद वो स्वस्थ हुए तो उन्हें स्वभावकवि बरपाली वापस ले आए। 1902 के जुलाई महीने में अर्जुन की तबीयत अचानक खराब हुई । उस समय अर्जुन के पास छोटा भाई भगवान था। अर्जुन जब मूर्छित हो गए उस समय की एक घटना है बरपाली में गंगाधर मेहेर की बेटी और जवाँई इन दोनों बच्चों की देखभाल कर रहे थे। रात को वैद्य बुलाकर उनके इलाज की व्यवस्था की गई। कई लोगों को विजेपुर भेजा गया कि गंगाधर को बुला लिया जाए। अपने प्रिय पुत्र के बीमार होने की खबर मिलते ही गंगाधर बरपाली आ गए उस समय अर्जुन की अवस्था बहुत ही चिंताजनक बनी हुई थी।

गंगाधर अपने प्रिय पुत्र अर्जुन के पास पहुंचे, पिता-पुत्र दोनों के मध्य आंखों ही आंखों में भाव विनिमय हुआ। अर्जुन तो जैसे अपने पिता के आगमन की प्रतिक्षा ही कर रहे थे। पिता-पुत्र का मिलन होते ही अर्जुन ने अंतिम सांस ली और उनकी आंखे बंद हो गई । अपने पुत्र के इस असमय निधन पर गंगाधर किस तरह शोकाकुल हो गए थे उसे कवि पुत्र भगवान मेहेर ने अपने स्वरचित -पितृ प्रसंग- ग्रंथ में उल्लेख किया है । साथ ही अपने बड़े भाई के अचानक निधन ने उन्हें किस तरह निःसंग बना दिया उसकी भी जानकारी उन्होंने इस ग्रंथ में प्रदान की है । अर्जुन के प्रति भगवान के मन में जो श्रद्धा का भाव था वह उनके वृद्धावस्था तक

बनना रहा । भगवान मेहेर 87 वर्ष की उम्र में स्वर्ग धाम सिधारे , उस समय तक बड़े भाई अर्जुन का स्मरण होते ही उनकी आंखे नम हो जाती। गंगाधर के दोनों पुत्र दो दोस्तों की तरह रहते थे। शायद इसलिए उन्होंने दोनों का नाम रखा था अर्जुन और भगवान । अर्जुन के असमय निधन से पहले वे अपने कवि पिता के काव्यिक व्यक्तितत्व के प्रति सचेतन रहे। पिता काव्य रचना करते समय अपना सब कुछ किस तरह साहित्य सृजन में झौंक देते थे इस दृश्य का वर्णन भगवान ने कई जगह किया है । उन्हें पहले ही मां का सानिध्य नहीं मिला था। ठीक रबिंद्रनाथ टैगोर के पुत्र समीन्द्र की तरह मात्रृहीन बच्चों के प्रति गंगाधर अत्यंत स्नेहपूर्ण भाव रखते थे। अपने इन शोक संतप्त बच्चों के लिए उन्हें एक साथ पिता और माता दोनों की भूमिका निभानी पड़ती थी। संबलपुर के जिस जिला स्कूल में अर्जुन पढ़ाई कर रहे थे उसी स्कूल के प्रधान शिक्षक दाशरथी पाणिग्राही ने 2.08.1902 को गंगाधर मेहेर को अपने सांत्वना पत्र में लिखा थाः-

- अफसोस की बात है की आपके पुत्र अर्जुन संसार छोड़कर हम सभी को शोक सागर में डुबोकर चले गए। पुत्र वियोग के समय पिता के मन में जो कष्ट होता है उसे केवल भुक्तभोगी ही जानते हैं । ऐसे समय जो लोग केवल शोक मत करो ऐसा उपदेश देते हैं वे केवल वाहियक सांत्वना के लिए होता है। वास्तव में पत्र के द्वारा शोक निवारण नहीं होता। अगर कुछ है तो आपके ही हाथ में है आप धैर्य रखें - आपदा में धैर्य - इस बात को स्मरण करते हुए सब कुछ इश्वर की इच्छा है यह समझकर मन में कोई संताप नहीं रखना , यही आपसे अनुरोध है । (पितृ प्रसंग पृष्ठ संख्या 254)

यह दुखःद समाचार जब अपने मेदिनीपुर कार्यकाल के दौरान कविवर राधानाथ राय को मिला तो उन्होंने पत्र के माध्यम से अपनी संवेदना व्यक्त करते हुए लिखा है कि -

जो लोग भावप्रधान होते हैं वे आमतौर पर दुखी ही रहते हैं । दुखः मोचन के लिए किसी तरह का उपदेश देना उन्होंने उचित नहीं समझा, केवल लिखा है कि दार्शनिकता का आश्रय लेने के अलावा शांति प्राप्ति की आशा नहीं है । दार्शनिकता का आश्रय लेने और काल के प्रभाव से शोक कम करने के अलावा शांति प्राप्ति की कोई उम्मीद नहीं है ऐसा कहते हुए राधानाथ ने किसी तरह के उपदेश देने से खुद को दूर रखा । बंगाल के कवि नागेंद्र वाला का एक पद विचारयोग्य है अपने पत्र में उन्होंने लिखा है कि- यह संसार तो मानों गुरुओं का देश है यहां केवल उपदेश दिया जाता है किसी के दिल में किस तरह का दर्द है,वेदना भरी है वह कितना कष्ट पहुंचाती है इसकी गहराई का अंदाजा संसार के लोगों को नहीं होता ।

कविवर राधानाथ राय से मिले पत्र के बाद गंगाधर को अवश्य ही आश्वासन मिला होगा । खुद कवि ने ही अपने इंदुमती काव्य रचना के समय मृत्यु के आगमन के संबंध में जो वर्णन किया है वह उनके पुरानी बातों को याद करने के संकेत देता है । अपने जीवन काल में जिस तरह आत्मीयस्वजनों के वियोग का कष्ट मिला वह उनके पुत्र प्रेम से क्रंदन कर रहे हृदय और गंगाधर के दार्शनिक अभिव्यक्ति की अंतरात्मा में स्पष्ट दिखाई देती है। नियती के इस निष्ठुर सत्य को कवि ने अपनी कविता में जिस तरह स्थापित किया है। उससे वह किस तरह धैर्यशील व्यक्ति थे, कैसे धैर्य के बारे में सोचते थे उसका दृष्टांत मिलता है। ऐसे गंभीर दार्शनिक चिंतन के अलावा उनके पास अपने शोक को कम करने

का कोई मार्ग नहीं था। कुछ भी हो परमेश्वर के प्रति अटूट आस्था रखकर वे अपने ऊपर आए हर संकट की वेदना को झेलते हुए और पुत्र अर्जुन के जीवन्त छवी को उन्होंने अपने मन में बसाए रखा। विश्व कवि रवींद्रनाथ ने पुत्र समींद्र के असमय निधन से उत्पन्न वेदना से निपटने को लेकर उन्होंने जो दृष्टिकोण अपनाया था, गंगाधर की चेतना भी उससे कुछ अलग नहीं थी। रवींद्रनाथ स्वर्गवासी पुत्र समीन्द्र के साथ प्लानचैट के माध्यम से भावों के आदान-प्रदान करने की जो व्याकुलता दिखाई थी वह उन्हें शांति और आश्वस्त कर रही थी। स्वभाव कवि गंगाधर मेहेर ऐसा कुछ नहीं कर पाए लेकिन वे अपने सहनशक्ति के बल से अर्जुन की दिवंगत सत्ता के साथ खुद को अभिन्न करके देखते थे । कभी स्वप्न में तो कब जागृत अवस्था में अर्जुन का स्नेहासिक्त कोमल प्राण सत्ता के साथ एक अदृश्य सुखमय जगत का भाव संबंध स्थापित करते दिखाई दिए । अर्जुन की आत्मा के साथ वार्तालाप करपाना उनके स्थितप्रज्ञ चेतन को ही दर्शाता है।

समीन्द्र के इंतकाल की दुखद घटना को रवींद्रनाथ जिस सहजता से ग्रहण कर चुके थे वह एक उल्लेखनीय घटना थी। रविंद्र ने अपने छोटे जीजा जी नागेंद्र नाथ को लिखा था शमी की जिस तरह अचानक मौत हुई वह समाचार विदेश में रह रहे रथी को कदाचित न देने का अनुरोध कई रिश्तेदारों ने किया मगर ईश्वर ने इस संसार में मुझे जब-जब दुख दिया है तब तब उनके सामने खड़े होकर मुझे उस दुख को अपना लेना होगा । रथींद्र के हिस्से में जो दुख आया है वह कितना ही कष्टदायक क्यों ना हो रथी को उसे स्वीकारना ही होगा और वही उसका कर्तव्य भी है । अतः समींद्र के मृत्यु के उपरांत मैंने उन्हें खबर करना उचित समझा। उस आघात को सहते हुए अगर उसका मंगल ना हुआ हो

यदि उसकी जीवन धारा पहले से अधिक गहराई लेती हुई पूर्णता के आसपास न पहुंची हो तब उसे दुर्भाग्य ही माना जाएगा । मगर जब महान दुख ईश्वर प्रेरित हो तब उसे अकुंठित चित्त से ग्रहण करना ही होगा(-कवि पुत्र समींद्र पृष्ठ 45- 46)

इस तरह की अकल्पनिय सहनशीलता अगर ईश्वर प्रदत्त ना रही होती तो ऐसी वेदना की घड़ी में उसे सहने की शक्ति रविंद्र नाथ में ना आई होती । वास्तव में रविंद्र के क्षेत्र में जो हुआ गंगाधर के जीवन में भी लगभग ऐसा ही घटित हुआ है। गंगाधर की स्थितप्रज्ञ मानसिकता के संतुलन को देखकर आत्मीयस्वजन और सारस्वत साधक वर्ग स्तब्ध रह गए । रविंद्र नाथ के किसी एक कविता में उन्होंने लिखा है

-जादेर जीवन दुखे गढा, तादेर फेर दुख की रे -

अर्थात देश का जीवन ही दुखमय है उसे और दुख का स्वतंत्र वेदना क्या कष्ट दे सकती है। आम आदमी दुख में टूट जाता है, रविंद्र या गंगाधर ऐसे व्यक्तित्व नहीं थे वे दोनों तो हीरे की तरह ज्योतिपूर्ण बहुमूल्य रत्न थे। हीरे के अंदर विष रहता है हीरे से बनी अंगूठी कोई चाट ले तो मृत्यु सुनिश्चित है। साहित्य के कई नायक नायिकाओं की कथा वर्णन में इस तरह का वाकया मिलता है। मगर रविंद्र और गंगाधर दोनों ने जिस तरह शुद्ध रत्नज्योति का विकिरण किया वह उसके अंदर छिपे दुख रूपक विष का अगर कोई संसारी मानव पता लगा सकता है तो वह निष्पादन आवश्यक हो जाएगा नीलकंठ की तरह विश्वास करने वाले महादेव के मंगलमय नाम धारण करने वाले गंगाधर विष पान कर अमृत के सृजन करते देखे गए यथार्थ में कहा जाए तो वे सच्चे अर्थ में गंगाधर थे एवं गंगा की धारा की तरह पवित्र थे। दुख तो हर मानव के जीवन में अलग-अलग रूप में आता है

साधारण मानव उस दुख के उत्पीडन से अस्तव्यस्त व विचलित होकर संसार से विरक्त हो जाता है। मगर श्रेष्ठ साहित्य और कला के साधक गण ऐसे मिट्टी से बने होते हैं की दुख उनके जीवन में रिक्तता नहीं अपितु पूर्णता लेकर आता है।

रवींद्रनाथ और गंगाधर दोनों ने ही वता का प्रच्छन्न आशीर्वाद अनुभव किया था। वेसे तो इस दुख को देख सामाजिक जीवन में वे भी कुछ घबरा गये होंगे मगर उनकी अंतरात्मा में प्रज्वलित जीवनज्योति के चलते उन्हें स्वतंत्र मार्ग अवश्य दिखाई दिया होगा जिससे दोनों ही ने इस दुख की घड़ी को सहर्ष स्वीकार्य कर लिया था । समींद्र को खोने के उपरांत रविंद्र के मन में जो भाव संस्थापित हुआ उसने उनके सृजन शक्ति को और भी बढ़ाया है । ऐसी दुख की अवस्था उनकी लेखनी बन्द नहीं कर पाई ठीक उसी तरह गंगाधर का पुत्र वियोग उन्हें अधिक ब्याकूल कर चुका था मगर बाद में महाभारत महाकाव्य के पठन- पाठन में उन्होंने मन लगाया और अपने इस चेतना के बल पर उन्होंने -कीचक वध- नामक काव्य रचना का शुभारंभ किया। मानों प्रिय पुत्र अर्जुन एक सृजनात्मक प्रेरणा का स्रोत बनाकर अपने कवि पिता को लेखनी चालू रखने का पवित्र प्रेरणा स्रोत बन गए थे।

जब तक मनुष्य दुख रूपी अग्नि में तपा नहीं है तब तक उसके स्वर में सौंदर्य का यथार्थ भाव निखर नहीं पाएगा । मृत्यु देवता के विशेष करुणा की शक्ति जिस तरह कवि हृदय में कल्याणकारी चेतना भरती है वह उसे अपनी कविता में पिरोता जाता है । यही भाव साहित्य शिल्पकार के अंतर को हिला के रख देता है। मगर इस शोक अनुभूति के स्पर्श से कवि प्राण से किस तरह सृजन की धारा प्रवाहित हो जाती है उस रहस्य को जीव जगत के परम कारुणिक संस्था ही जानती है। सुख समृद्धि प्रदान

कर कवि के जीवन को आलसी , विलासमय अर्थहीन कर देना उसका लक्ष्य नहीं होता । दुख के तीव्र ताड़ना से कवि को अंतर्मुखी कर देना ही उस परम दिव्य सत्ता का महान उद्देश्य है। रवींद्रनाथ के पुत्र समींद्र और गंगाधर के हृदय नंदन अर्जुन सुक्ष्म लोक में विलुप्त हो जाएं ऐसा प्रश्न ही नहीं उठता । वे दोनों ही चिरकाल शिशु का सरल, कोमल और निष्पाप रूप धारण कर अपने-अपने पिता के स्नेहासिक्त गोद में सदा बसे रहे हैं और सदा बसे रहेंगे।

----------0----------

रविंद्रनाथ की -बंगमाता- और गंगाधर की -मातृभूमि- कविता मे एकत्व के स्वर

विश्व कवि रविंद्र नाथ वास्तव में विश्व चेतना के संदेशवाहक है । उन्होंने खुद को कभी भी अपनी जन्मभूमि पश्चिम बंगाल तक सीमित करके नहीं रखा। बंगभूमि के प्रति उनकी ममता की गहराई को नापा नहीं जा सकता। मगर किसी भी बंग पुत्र-पुत्रियां को उन्होंने प्रादेशिक सीमा में सीमित करके रखना नहीं चाहा। इस दृष्टि से देखें तो यह अनुभव किया जा सकता है कि उन्होंने जब " बंग माता" कविता की रचना की है तब उनकी विश्वदृष्टि कितनी विस्तारित थी ।

हर व्यक्ति का परिचय किसी न किसी एक निर्दिष्ट भूखण्ड के साथ जुडा रहता है । मगर इस धरातल पर मनुष्य का अवतरण सर्वत्र विचरण करने के लिए ही हुआ है। हालांकि अपनी छोटी सी जन्मभूमि से वह बहुत प्यार करता है,मगर उससे बाहर निकल कर समग्र पृथ्वी में जाना चाहता है। इसलिए रविंद्र नाथ बंगाल के संतानों को सबसे पहले मानव बनने का उद्‌बोधन देते दिखाई दे रहे हैं। माता अपने बच्चों को हमेशा घर में ही रखना चाहती है जो स्वाभाविक भी है। लेकिन उसी मातृ हृदय में जब विश्व कल्याण के लिए भाव उत्पन्न होता है तो वह अनंत पथ पर पैर रखने के लिए अपने बच्चों को ममत्व के बंधन से मुक्त कर देती है। रविंद्र नाथ " बंग माता " कविता में पवित्र भूमि को संबोधित करते हुए लिखते हैं-

पुण्ये, पापे, दुखे, सुखे, पतने, उत्थाने

मनुष्य हेबा कु दिअ तुम संतान रे,
है स्नेहार्त बंगभूमि , तब गृह कोडे
चिर शिशु करी ताकु रख नाही धरी
देश देशांतर मध्ये जेउंठी जा स्थान
खोजी ही नेवाकु दिअ निज अन्वेषणे।

जो अपने ही आसपास के ईलाके में केवल एक बालक बनकर रह जाता है, उसके चेतना का विस्तार नहीं होता । बालक का सरल और निर्मल ह्रदय हमेशा से बहुत सारी बातें जानने का आकांक्षी रहता है। अतः उस संबंध में यह बात नहीं कहीं जा रही । अपने आसपास के छोटे से परिसर में जो खुद को सीमाबद्ध करके रखता हो उसकी आत्मा का समुचित विकास संभव नही है । यही संकेत रविंद्र नाथ ने दिया है। इस संदर्भ में एक सुंदर कथा याद आती है। एक ऋषि थे , वे लोकहित के लिए पैदल चलते हुए अपने शिष्य के साथ गांव-गांव यात्रा कर रहे थे । इस तरह भ्रमण करते-करते वे एक ऐसे गांव में पहुंचे जहां का सौजन्य और शिष्टाचार का अभाव उन्हें व्यथित कर रहा था। जब वहां से लौटने लगे तो उन्होंने ग्रामवासियों को कहा आप सभी लोग यहां अनंत काल तक एकजुट होकर रहें। उनका यह आशीर्वाद शिष्य के समझ में नहीं आया। जब वे अन्य एक गांव में पहुंचे तो वहां विपरीत ही दृश्य था । ऋषि ने देखा उस गांव का हर मानव कितना शांत, मानवश्रेष्ठ , सौजन्यता से युक्त और सरल ह्रदय का अधिकारी है । उनके आचरण से खुश हुए ऋषि जब वापस लौटने लगे तो आशीष वचन देते हुए कहा कि गांव का हर व्यक्ति बिछड जाए, अलग हो जाए । ऋषि के साथ चल रहे शिष्य को यह बात समझ में नहीं आई उन्होंने गुरु से इसका स्पष्टीकरण जानना

चाहा । गुरु ने कहा की जो लोग अशिष्ट और अभद्र होते हैं वे जब एक स्थान में सीमित होकर रहेंगें तभी उनकी अशिष्टता दूसरे स्थान में संक्रमित नहीं हो सकेगी। इस तरह जो लोग शिष्टाचार से जीवन यापन करते हैं वे अगर हर जगह घूमें तो वही सौजन्य और शिष्टाचार चहुंओर संप्रसारित होगा, विस्तारित होगा । अब ऋषि की यह सीख शिष्य को ठीक से समझ आ गई । बंग भूमि के संतानों से देश देशांतर की यात्रा करने के लिए रविंद्रनाथ ने जो आवाहन दिया है उसमें जरूर यही भावना छिपी हुई है । बंगाल के लोगों में परस्पर ममत्व पूर्ण जीवन यापन करने का भाव निहित है । वे अगर देश-विदेश जाएं तो बंगभूमि की महान संस्कृति भी विस्तारित होगी । हालांकि कवि द्वारा ऐसे पद की रचना में और एक भाव भी छुपा हुआ है वह है अलग-अलग देश में महान चिंतन के साथ साथ और जो अन्य अच्छी चीजें है उसे अपना लेने का सौभाग्य अर्जित करना । रविंद्र नाथ आदान-प्रदान में विश्वास रखते थे । खासकर पश्चिम की जीवन शैली और पश्चिम में जो ऐश्वर्य अभिलाषित है उसे अपना लेने में खुद को गौरवान्वित महशुस करते थे । तभी प्राच्य और पाश्चात्य के महा मिलन का संगम कविगुरु द्वारा प्रतिष्ठित शांतिनिकेतन में साफ दिखाई देता है ।

उन्होने किसी को लाड-प्यार मे बांधे रखना कभी नहीं चाहा। दुख और संघर्ष के मध्य प्रत्येक जीवन का विकास हो वे तो ऐसा चाहते हैं । अतः किसी को केवल बंगाली का परिचय मिले यह इच्छा भला वे कैसे कर सकते थे ? कविता के दूसरे हिस्से में यही भावना स्पष्ट हो रही है-

पदे पदे बहु क्षुद्र निषेधर डोरे
बांधी बांधी रख नाहीं सुना पुअकरी

प्राण पाति सही दुख आपणा हात रे
संग्राम से करू सदा भल मंद सह
शिंत साधु जाते तब पुत्र बर्गे
गृह छडा लक्ष्मी छड़ा करी रख सर्वे
सात कोटी संतानों कुं हे मुग्ध जननी
रखिछ बंगाली करी, मनुष्य कलनी

रविंद्र नाथ की कविता में यह जो संदेश है वही संदेश गंगाधर के " मातृभूमि" कविता में भी मर्यादित तौर पर दिखाई देता है । उनकी कविता में उत्कल के संतानों को संकीर्णत की सीमा रेखा से बाहर निकालने का कोई प्रत्यक्ष आह्वान दिखाई नहीं देता है । मगर अपनी जन्मभूमि अविभक्त संबलपुर जिले को कवि जिस तरह स्नेह करते थे उसी तरह पवित्र उत्कल भूमि की भी पूजा आराधना करते थे । अपने अंतर्मन में किसी छोटी सोच के राष्ट्रीयता के विचार मे वह आबद्ध नहीं थे । यही कलात्मक अभिव्यक्ति -मातृभूमि- कविता में साफ देखी जा सकती है । इस कविता में बालमन के सम्प्रसारण में कवि ने सरल शब्दों का संयोजन कर एक ऐसा संदेश देने की कोशिश की है जो उन्हें उत्कलीय कवि की मान्यता के साथ-साथ विश्व चेतना के कवि के तौर पर भी परिचित कराती है। छोटा बच्चा जब आस पड़ोस के घरों मे जाता है तब वह जानता है कि उसके सम वयस्क दोस्त खेल रहे ।अपने इलाके से जब वह दूसरे इलाके में घूमने जाता है तब उसका संसार विस्तारित होता जाता है। कवि ने अपने जन्म स्थान बरपाली को जी-भर के प्यार किया। जब उन्हे अपने जीवन के अंतिम समय में स्थानीय जमीदार द्वारा अपमानित और अत्याचारित होना पड़ा तब कई लोगों ने उन्हें बरपाली छोड़कर अन्यत्र रहने की सलाह दी। मगर कवि के लिए यह सारे अनुरोध

कदाचित ग्रहणीय नहीं थे। बरपाली को जी भर कर चाहना उनके अंतर का भाव था और उनके मन में संबलपुर, पश्चिम ओडिशा, समग्र उत्कल और भारतवर्ष को चाहने मे किसी तरह का अंतर नहीं था । उनकी कविता में यही विस्तारित चित्र दर्शाया गया है। अगर हम उसकी व्याख्या करें तो यह बात स्वतः सामने आ जाती है कि मातृभूमि के संबंध में उनकी उपलब्धि किस उच्च स्तर को प्राप्त थी । जब वह बताते हैं कि एक मानव जब मातृभूमि के ममत्व को विस्तारित करने की राह पकड़ता है तब वह समझता है कि स्वर्ग से भी अधिक सौंदर्यपूर्ण है उसका अपना देश । देश की सीमा क्या उसके हिसाब से समाप्त हो जाती है इस स्वर्गीय अनुभव से कदाचित नहीं तभी तो गंगाधर अत्यंत सरल भाषा में लिखते हैं कि -

-ज्ञानबले जेबे जाणे समस्तंक
जनक जगतपति,
सहोदर ज्ञान करे अबनीर
मानव समाज प्रति
तेबे से जाणई से करई जेते
लोकोंक उपकार
विश्वपतिंक विश्वगृहे अटे
से तेते योग्य कुमर (ओडिआ लिप्यंतरण)

इसका अर्थ है समग्र विश्व के स्वामी खुद ईश्वर ही हैं , संसार के सभी लोगों के प्रति उपकार की भावना रखना ही विश्वपति ते नजर में योग्यता का आधार है।

मानविक ज्ञान के विस्तार को किस तरह विश्व प्रीति के साथ देखा जाता है वही भाव गंगाधर अपनी कविता में प्रदर्शित करते हैं ऐसी अभिव्यक्ति भारतीय साहित्य में कम ही देखने को मिलती है

। खासकर इस कविता के आखिरी पद को हर जगह उद्धृत किया जाता है। वह पद है -

मातृभूमि मातृभाषा रे ममता
जा हृदे जनमी नाहीं
ताकू जदी ज्ञानी गुणी रे गणिबा
अज्ञानी रहीबे कांही (ओडिआ लिप्यंतरण)

इसका अर्थ है मातृभूमी,मातृभाषा के प्रति जिसके हृदय में ममता का भाव नहीं हो उसे अगर हम ज्ञानी कहेंगे तो भला कोई अज्ञानी कहाँ रहेगा । अपनी ओड़िआ भाषा, ओड़िशा प्रदेश को पूर्ण रूप से सम्मान देने के लिए हम अक्सर इस पद को गाते हैं और यह किसी भी दृष्टि से अनुचित दिखाई नहीं देता। समग्र ओड़िशा को ओड़िआ भाषा को अपना सही गौरव दिलाने के लिए जो महान संदेश इसमें छिपा हुआ है वह समस्त प्रदेशवासियों के प्राण को झंकृत कर देता है । ओड़िशा के छोटे-छोटे बालकों से लेकर सचेतन वयस्क और ज्ञानी वृद्धजन तक सभी इसे आंतरिकता के साथ गाते हैं । यह जरूर ही मातृभूमि मातृभाषा के प्रति मोहब्बत का एक श्रेष्ठ उदाहरण है । गंगाधर के अन्य प्रेरणादायी कविताओं में विभिन्न महोत्सवों में प्रारंभिक संगीत के तौर पर गाया जाता है । इस लेखक के जानकारी में पहली बार इस पूरी कविता को स्वागत संगीत के तौर पर गाया गया था । जो कोई भी इस कविता के मर्म को अपने हृदय में उतार पाता है वह जितनी मात्रा में पश्चिमी ओडिशा का प्रेमी होगा, उतना ही उत्कल प्रेमी और भारत माता का सुयोग्य संतान बन पाएगा । इसी राष्ट्रीयता के भावना से आगे बढ़ते हुए समग्र संसार का उपयुक्त संतान बन जाएगा । गंगाधर की और एक कविता -ईश्वरद्रोही- में उन्होंने लिखा है कि जो केवल

अपना देश और अपना प्रदेश सर्वोत्तम ऐसा सोचकर मनुष्य-मनुष्य में भेदभाव देखता है वह ईश्वरद्रोही है। देखिए गंगाधर मानवीय चेतना को कितनी ऊंचाई तक ले जाने का महत्ती प्रयास करते दिखाई देते हैं। विश्व कवि रविंद्र नाथ के -बंगमाता- कविता के भाव के साथ मातृभूमि कविता का अंतर्निहित स्वर जिस तरह समान भाव लिए दिखाई है उसे अलग-अलग प्रेरणादायक स्रोत के तौर पर विश्लेषित किया जा सकता है । रविंद्र नाथ देश से बाहर विदेश तक गए थे उन्होंने डब इट्स या रोमां रोलां जैसे लेखकों से साक्षात्कार किया था। वे खुद अंग्रेजी भाषा में प्रवीण थे अतः उन्होंने अपने बंगला में लिखित गीतांजलि को पूर्णतः अंग्रेजी में भी लिख डाला था। गंगाधर के पास हालांकि यह मौका नहीं था मगर जिस तरह उनकी चेतना का चरम उत्कर्ष हुआ है वह अपने आप में आश्चर्यचकित करने वाली अनुभूति है । अपने हृदय के अंतर्तम प्रदेश से जो भाव अंतर्मुखी कवि सुनता है उसे वह ऐसी सीमाहीन चेतना में पहुंचाता है कि अपने प्रदेश के देशभक्त संतानों को उधर संप्रसारित और संवेदनशील होने के लिए महान संदेश उसमें दिखाई देता है । वास्तव में जो उच्च श्रेणी के लेखक होते हैं वे कभी किसी सीमित परिसर में आबद्ध होकर नहीं रह पाते । अपने साहित्य में भी वे किसी संकीर्णता का उल्लेख नहीं करते । और एक चीज उल्लेखनीय है हर कवि या लेखक परिवर्तनशील आत्मा के अधिकारी होते हैं हुए परत दर परत अपने आप उन्मोचित होते जाते हैं । इसी के चलते अगर एक कविता के भाव में कोई सीमा दिखाई देती है तो उसकी अगली कविताओं में असीम अभिव्यक्ति दिखाई देती है । एक कवि जिस ऊंचाई तक उठ पाता है उसे ध्यान में रखते हुए ही उसके कविता की सार्थकता का निर्णय हो पाता है । तब रविंद्रनाथ विश्वकवि हो जाते हैं और गंगाधर मेहेर

स्वभाव कवि के तौर पर उड़ीसा में सीमित हो जाते हैं । मगर दोनों की कविता का अंतर्निहित स्वर जिस तरह सामान्य प्रतिफलित होती है उसका एक अन्य स्वरूप इन दोनों क्रांतिकारी कविताओं में साफ दिखाई देता है।

----------0-------

ब्रिटिश शासन के खिलाफ रवींद्रनाथ और गंगाधर मेहेर ने उठाई आवाज

कईयों के मन में यह धारणा बनी हुई है कि रविंद्र नाथ ब्रिटिश सरकार के प्रति समर्थन का भाव रखते थे । जैसे कि आजकल स्वतंत्र भारत में राष्ट्रीय संगीत को रविंद्र नाथ द्वारा ब्रिटिश सरकार के लिए लिखा गया अभिनंदन गीत माना जाता है । हालांकि यह एक कुतर्क मात्र है। वैसे यह सत्य है कि रवींद्रनाथ स्वतंत्रता आंदोलन में प्रत्यक्ष तौर पर कभी भी शामिल नहीं थे । मगर ब्रिटिश सरकार के प्रति उनका मौन समर्थन था यह कहना भी उचित नहीं है । रविंद्रनाथ एक संवेदनशील और स्वाभिमानी मानव थे। एक तरफ उनकी तीखी नजर सत्तासीन ब्रिटिश सरकार के प्रति अन्दरूनी जागृति का भाव रखती थी तो दूसरी तरफ पराधीन भारत के करोड़ों लोगों के प्रति उनके मन में गहरी सहानुभूति थी । उन्होने ब्रिटिश सरकार से नाईट की उपाधि ले रखी थी। मगर इसका अर्थ यह नहीं था कि विदेशी सरकार के कुशासन की तरफ उन्होंने जीवन भर अपनी आंख मूंद ली थी । सन1919 के अप्रैल में पंजाब के जलियांवाला बाग में हुई सामूहिक हत्याकांड ब्रिटिश शासन का बर्बर एवं क्रुरता पूर्ण व्यवहार हमारे इतिहास का एक अत्यंत काला अध्याय है । जलियांवाला बाग में सैंकड़ो भारतीयों की हत्या और इधर-उधर बिखरे पडे मृत शरीर वाला ह्दय विदारक दृश्य ने रविंद्र के मन में तीखी प्रतिक्रिया उत्पन्न की थी । इस घटना को देखकर देशात्मबोध से उत्प्रेरित

उनका हृदय सहानुभूति पूर्वक क्रंदन कर रहा था । उस समय विश्वकवि ने ब्रिटिश सरकार के इस नरसंहार के खिलाफ तिखी प्रतिक्रिया दी थी और सरकार की ओर से उन्हें प्रदान किया गया सम्मान जिस तरह उन्होंने लौटा दिया था वह अपने आप देशप्रेम की श्रेष्ठतम अभिव्यक्ति थी । उस समय के गवर्नर जनरल के नाम रविंद्र ने एक मार्मिक पत्र लिखा था वह पत्र कोलकाता से प्रकाशित दैनिक अखबार -दी स्टेट्समेन- में 3 जून को प्रकाशित हुआ था। अंग्रेजी भाषा में लिखित उस पत्र का ओड़िया अनुवाद ओड़िशा के साहित्यकार और अन्यतम श्रेष्ठ अनुवादक चित्तरंजन दास ने किया है । यहां अंग्रेजी पत्र उद्धृत करने का कोई प्रयोजन नहीं है क्योंकि रविंद्र के हृदय में प्रवेश करने के लिए जिस पथ का हमें अनुसंधान करना है उस पद को अनुवादक प्रशस्त बनाते हैं । यहां कवि के मार्मिक वेदना को दर्शाने के लिए कविता के कुछ वाक्य ही काफी है । इस पत्र में रविंद्र स्पष्ट उल्लेख करते हैं कि पंजाब में जो घटना घटी है उससे भारत भर में आतंक का वातावरण बना हैं । रवींद्रनाथ ने अपने पत्र में लिखा है की उस अभागे जनसमूह पर जिस तरह कठोरता पूर्वक शस्त्र का प्रयोग किया गया, जो अमानवीय आचरण किया गया है वह कदाचित इतिहास में सभ्य सरकारों का आचरण नहीं है। ब्रिटिश सरकार द्वारा निहत्थे और बेकसूर जनता पर जिस तरह क्रूरता पूर्वक आक्रमण किया गया वह विवेकहीनता का परिचय देता है। केवल इतना ही नहीं इस अमानवीय आक्रमण के प्रभाव से भारत का कोना-कोना किस तरह वेदना से भर गया है उसे भी दर्शाता है । ब्रिटिश सरकार के अमानवीय आचरण ने वेदना विद्ध कवि प्राण अंदर ही अंदर आंसू बहा रहा है यह बात उनके उपरोक्त पत्र से स्पष्ट अनुभूत होती है । उन्होंने लिखा की कम से कम इस घटना

को मैं अपने करोड़ों देशवासियों के प्रतिवाद का एक साकार रूप देने की कोशिश करूंगा । आगे कहते हैं कि वे तो वाक् शुन्य हो गए हैं और आतंक के मध्य जीने को मजबूर है । यह ऐसा एक समय आ गया है जब शासकों की ओर से जो सम्मान सूचक उपाधियां मिली है वर्तमान के अपमान को देखते हुए वह हमारे लिए लज्जा का कारण दिखाई देती है। मैं खुद मुझे दी गई स्वीकृति को वापस लिए जाने का पक्षधर हूं । मैं अपने देशवासियों के पास जाकर खड़ा होना चाहता हूं। यही सब कारण है कि मैं बाध्य होकर माननीय महानुभाव द्वारा प्रदत्त नाईट उपाधि से मुझे मुक्त करने का अनुरोध करता हूं । मई महीने की 30 तारीख को रविंद्र नाथ ने यह पत्र लिखा था इसमें भारत विरोधी, जन विरोधी और मानवता विरोधी ब्रिटिश शासको के खिलाफ रविंद्र नाथ ने जिस दृढ शक्ति और देशप्रेम की भावना दिखाई है उसे हम सहज ही अनुभव कर सकते हैं ।

ओड़िशा में अंग्रेज सरकार के प्रति समर्थन और सम्मान की कमी नहीं थी । स्वभाव कवि गंगाधर अंग्रेजों से किसी तरह के सम्मान पाने की लालसा नहीं रखते थे । विक्टोरिया स्तंभ नामक कविता लिखने के कारण कुछ लोगों ने गंगाधर के प्रति समालोचना के बाण छोड़े हैं । यह कविता पहले विश्व युद्ध के आखिरी समय में लिखी गई थी इसी तरह उन्होंने और एक कविता लिखी है जिसका शीर्षक है - महाप्रयाण -। सातवें जर्ज सम्राट एडवर्ड के निधन पर इस कविता की रचना की गई थी । ये कविताएं लिखने का अर्थ यह कदाचित नहीं हो सकता है कि भारतीयों के प्रति कवि के मन में ममत्व का भाव नहीं था । वल्कि ब्रिटिश सरकार के जरिए भारतवासियों का किस तरह कल्याण हो, वे इसी भावना में सदा लगे रहे । आहिस्ता-आहिस्ता जब उन्होंने अनुभव किया कि ब्रिटिश शासन के अत्याचार से

भारतवासी अत्यंत ही त्रस्त है तब सरकार के प्रति उनका भी मोह भंग हुआ और अपने मन के इस भाव को उन्होंने एक पत्र के जरिए अपने कवि मित्र बृजमोहन पंडा को लिखा । उसमें कवि ने स्पष्ट किया कि मैं राज सेवा का लालायित नहीं हूं अंग्रेजों से बढ़कर और कौन राजा है जब राजा की सेवा में वैराग्य का भाव आ रहा है तो अन्य और कौन से राज्य की सेवा लेने की चेष्टा करूंगा। वास्तव में गंगाधर की यह आत्म स्वीकारोक्ति बिल्कुल सच जान पड़ती है । गंगाधर मेहेर राज सेवा के लिए कभी भी लालायित नहीं थे और ना ही अपने स्वार्थ साधन हेतु उन्होंने किसी राजा के साथ संपर्क बनाया था । सातवें एडवर्ड या विक्टोरिया के संबंध में कविता लिखने के एवज में उन्हें धन प्राप्ति की कोई संभावना नहीं थी और अगर ऐसी कोई संभावना होती भी तो शायद वे उसे नहीं लेते। वे हमेशा समाज का कल्याण चाहते थे इसके चलते उनके साहित्य में ऐसे अनेक राजाओं का चरित्र चित्रण किया गया है जो न्यायपरायण, प्रजावत्सल और मंगलकामी राजा थे । राजाओं द्वारा प्रजा विरोधी मनोभाव देखने पर कवि के ह्रदय में बहुत दुख उत्पन्न होता था । अपने जीवन के अंतिम पर्याय में बरपाली के जमींदार के उद्धत आचरण के विरुद्ध कवि ने निर्भीकता से आवाज उठाई थी । ऐसे स्वतंत्र मनोभाव वाले कवि का अंग्रेज सरकार को समर्थन करने का प्रश्न ही नहीं उठाता है। ठीक ऐसे ही उस समय बरपाली के जमींदार द्वारा जारी अविवेक पूर्ण निर्देश के खिलाफ उन्होंने प्रतिवाद किया था बिल्कुल उसी तरह, जैसा प्रतिवाद अंग्रेज सरकार के खिलाफ उनके मन में जागृत हुआ था। "भारती भावना" कविता में जिसका प्रमाण मिलता है । उनके साहित्यिक साधना की अंतिम रचना है ब्रिटिश सरकार के खिलाफ लिखी गई "भारती भावना " जिसकी रचना कर कवि ने अपने मनोभाव को स्पष्ट दर्शाया है। विश्वकवि रविंद्र नाथ के ह्रदय को जलियांवालाबाग कांड ने जिस तरह हिला

कर रख दिया था उसी तरह अंग्रेज शासकों का नृशंस आचरण गंगाधर को भी असह्य पीड़ा देता रहा । इस अंतर्वेदना का प्रकाश 1922 में लिखी गई "भारती भावना" में देखने को मिलता है । गंगाधर मेहेर कभी महात्मा गांधी से मिले नहीं थे, मगर उस समय के अखबारों में गांधीजी के बारे में छपी खबरें पढ़कर उन्हें लगा था कि गांधी ही पराधीन भारत के मुक्तिदाता हैं । यह कविता ऐसी लिखी थी जिसमें दो अर्थ स्पष्ट दिखता है । एक अर्थ कृष्ण और गोपियों के आधार पर है तो दूसरा अंग्रेज सरकार के खिलाफ विरोध का आधार दर्शाता है। कई आलोचक इसकी समालोचना करते हुए कहते हैं कि क्या ऐसी द्विअर्थी कविता गंगाधर के निर्भीकता का परिचय हो सकती है ? इसका उत्तर है हां , क्योंकि जहां इस कविता में यह दिखाई देता है कि राधा कृष्ण का प्रेम है वही इसके अंदर एक अग्नि शिखा भी साफ दिखाई देती है । जिसकी गर्माहट स्वतः अनुभूत होती है । इसे पराधीन भारतवर्ष में अंग्रेज सरकार के पिछलग्गु भक्तों के सामने उनके ही आचरण को व्याख्यायित करना था। जो देशप्रेमी लोग थे उन्हें सही तौर पर आगे लाना ही कवि का एकमात्र लक्ष्य होता है । जिसतरह जब जरूरत पड़ती है तो क्रांतिकारी देशप्रेमी वेश बदलकर शत्रु के सम्मुख आक्रमण के लिए पहुंचते हैं । उसी तरह गंगाधर उद्दाम अर्थ वाले शब्दों के जरिए अंग्रेज सरकार के खिलाफ जनता में व्याप्त भावना को अपने लेखन में स्पष्ट लिखते हैं । वर्तमान के स्वतंत्र भारत में द्विअर्थी कविता बताने का अर्थ भला क्या हो सकता है । देश प्रेमी मानवों के सम्मुख और स्वतंत्रता प्राप्त भारत में इस कविता के दो अर्थ निकालना आवश्यक नहीं है । "भारती भावना" में कवि ने लिखा है की - हे राजा हमारे भारतवर्ष में तुमने जो कुछ भी किया है उसे भूल पाना संभव नहीं है तुमने कल-बल-कौशल का सहारा लेकर हमारे मान सम्मान को लताड़ा है । इस तरह और एक पत्र मे कवि ने लिखा है कि

महात्मा गांधी द्नारा असहयोग आंदोलन करने के बाद से तुम्हारी कृरता और निष्ठा सामने आ गई है । जिस जनरल डायर ने गोली चलाने का आदेश देकर असंख्य भारतीयों की हत्या की तुमने उसे सम्मान दिया और महात्मा गांधी को कारागार में डाल दिया। भारतवासी उन्हे कारागार से मुक्त करने के लिए कितना ही क्रन्दन करते रहे तुमने किसी की नहीं सुनी । यहां - भारती भावना - कविता के पदों को उद्धृत नहीं किया गया वल्कि उसके अंर्तनिहित अर्थ को ही प्रकाशित किया गया है । उल्लेखनीय है कि कवि के जन्म स्थान बरपाली में महान स्वतंत्रता संग्रामी भागीरथी पटनायक और उनके पुत्र प्रफुल्ल पटनायक ने यही कविता गाते हुए गांव-गांव में देशवासियों के मन में देश प्रेम का दीप प्रज्वलित किया था । इस कविता के मर्म को समझ कर हजारों लोग ब्रिटिश शासन के विरोध में उठ खड़े हुए थे। देश को स्वतंत्र होता देखने के लिए गंगाधर मेहेर जीवित नहीं थे । रविंद्र नाथ भी स्वतंत्रता से पहले ही संसार से जा चुके थे । लेकिन दोनों ही कवियों ने अपने-अपने देश प्रेम का परिचय जैसी दृढ़ता से उपस्थापित किया है वह इन दोनों को अच्छी तरह समझने के लिए प्रशस्त मार्ग बनाती है और दोनों की अंतःनिहित वाणी भारतीय लोगों के मन में राष्ट्रीयता का भाव जगाने में अपना योगदान देती रहेगी। अतः इन दोनों ही स्वदेश प्रेमी कवियों के प्रति भारतवासी सदा कृतज्ञ रहें यही दोनों के लिए श्रेष्ठतम सम्मान होगा।

----------0---------

विश्वकवि का शांतिनिकेतन और स्वभावकवि का बरपाली ग्राम

एक महान चेतना संपन्न सृजनशील कलाकार केवल अपने खुद के लिए स्वप्न नहीं देखता है। उसका सपना हमेशा सुंदर धरती, सुंदरतम समाज निर्माण के लिए होता है । पश्चिमी देश रुस के कवि टॉलस्टॉय ने अपने पैतृक गांव यास्नाया पौल्याना को केंद्र मे रखकर कई स्वप्निल रचनाएं की थी यह उनके जीवनी पाठक अच्छी तरह जानते हैं। महात्मा गांधी समग्र भारतवर्ष के लिए जिस आलोक आमंत्रण हेतु तपस्या कर रहे थे, यह किसी से छुपा हुआ नहीं है। विश्व कवि रवींद्रनाथ अपने सपनों के शांतिनिकेतन को जिस तरह एक वास्तविक रूप प्रदान करने मे सफल रहे वेसा उदाहरण समग्र संसार मे अन्यत्र दिखाई नहीं देता। विश्व कवि के पिता महर्षि देवेंद्र नाथ ने इस जन मानव शुन्य स्थान को जब अपने नाम किया था तब वहां पर ना तो पेड पौधे की हरीतिमा थी और ना ही जीवन प्रवाह का सामान्य संकेत इस जमीन पर मौजूद था। ऐसी जमीन पर बना था यह उपासना मंदिर । उत्तराधिकारी के तौर पर रवींद्रनाथ ने इस समग्र इलाके को एक विश्व विदित महान अनुष्ठान में परिवर्तित करने का स्वप्न देखा था । रवींद्रनाथ के द्वारा नवजीवन का स्पंदन प्राप्त करने वाला शांतिनिकेतन और उसमें प्रतिष्ठित विश्वभारती विश्वविद्यालय वर्तमान भारतवर्ष के एक महान तीर्थ के तौर पर जाना जाता है । मानव के मध्य मानवता का विवेक और विवेचना का बीज रोपण हेतु रविंद्र नाथ

ने जिस आदर्श शिक्षा अनुष्ठान का निर्माण किया था वह वर्तमान एक विराट स्वरूप धारण कर स्वतंत्र भारतवर्ष का एक श्रेष्ठ शिक्षा अनुष्ठान होने का गौरव प्राप्त कर रहा है । शांतिनिकेतन समग्र विश्व के सुंदरतम स्थान के रूप में परिचित हुआ है एवं प्राच्य और पाश्चात्य के भावों का यहां समन्वय देखा जा रहा है। रवींद्रनाथ द्वारा प्रतिष्ठित इस पवित्र शिक्षा अनुष्ठान उनके आधुनिक चिंतन वाली चेतना का एक अभिव्यक्त स्वरूप है। परीक्षा आधारित किसी भी डिग्री प्रदान करना यहां शिक्षा का लक्ष्य नही था इसका लक्ष्य था मानव के अंदर महामानवीय गुणों का संचार करना । आज रविंद्र नाथ की वह परियोजना अनेक स्तर पर परिवर्तित हुई है , मगर शांतिनिकेतन की शीतलता और स्निग्धता हर शिक्षक शिक्षार्थी और दर्शक सभी को एक शांत वातावरण में ले जाती है जिसे केवल अनुभव ही किया जा सकता है।

रविंद्र की कविता के साथ स्वभाव कवि गंगाधर मेहेर की कविताओं के तुलनात्मक अध्ययन के लिए कई मार्ग प्रशस्त हुए हैं। दोनों ही अपने समय के सार्थक स्रष्टा बताए जाते हैं । दोनों की चेतना में जो आध्यात्मिक उपलब्धि थी वह उनके कविता में अंतरात्मा के सौंदर्य अनुभूति के तौर पर प्रकाशित हुई हैं। ओड़िशा में -अर्घ्यथाली- जिस तरह प्रिय है उस तरह रविंद्र की -गीतांजलि- भी एकांत अपनी सी लगती है । दोनों कवियों के साहित्य को केंद्र में रखकर विभिन्न शीर्षक वाले निबंध लिखे जा सकते हैं । इस तरह दोनों के व्यक्तित्व को लेकर भी विश्लेषक प्रबंध लिखे जा सकते हैं । इन दोनों महान लेखकों का लेखन केवल अपनी आत्मसंतुष्टि के लिए नहीं था वरन संसार के सामने अपने-अपने स्वप्न को एक उदाहरण बनाकर प्रस्तुत करने की दोनों ने ही

आंतरिक प्रचेष्टा की थी । अगर इसे हम भुला दें तो दोनों के व्यक्तित्व का पूर्णांग रूपांतरण संभव नहीं है । रवींद्रनाथ के स्वप्नों का महान तीर्थ है शांतिनिकेतन और स्वभाव कवि गंगाधर के स्वप्न का आदर्श गांव है उनकी जन्म भूमि बरपाली ।

शांतिनिकेतन को हरा-भरा और सुंदर बनाने के लिए रविंद्र नाथ ने जो त्याग स्वीकार किया था वह उनकी स्व-रचित किसी लम्बी कविता की तरह हृदय स्पर्शी भावना थी । रवींद्रनाथ के द्वारा वहां लगाए गए पेड़-पौधे आज भी सभी को रविंद्र के स्मृति का स्पर्श देते हैं । अतः इस क्षेत्र में रविंद्र के असाधारण कीर्ति की व्याख्यान करना प्रयोजन से परे है।

दूसरी तरफ हम अविभाज्य संबलपुर जिले के बरपाली की और भी दृष्टि डालते हैं । इस पवित्र भूमि में गंगाधर ने जन्म लिया था , और संबलपुर, विजेपुर, पदमपुर आदि इलाके में नौकरी समाप्त करने के बाद मन में अनेक सपने लिए हुए अपने प्रिय बरपाली ग्राम लौट आए थे । शांतिनिकेतन को सौंदर्यबोध की कविता बनाने में रविंद्र नाथ को जैसी स्वच्छन्दता मिली थी, वैसी स्वतंत्रता अपने जन्म स्थान बरपाली को वाल्मीकि आश्रम के तौर पर प्रतिष्ठित करने के लिए गंगाधर मेहेर के पास नहीं थी । बरपाली उस समय देशी जमींदारी का एक गांव कहलाता था । इस गांव में अत्यंत संकीर्ण मनोभाव वाले लोगों की कोई कमी नहीं थी, फिर भी गंगाधर ने बरपाली को एक आदर्श ग्राम बनाने का स्वप्न देखा था । जीवन के अंतिम पर्याय में साहित्य साधना से निवृत होकर वे बरपाली को एक शांति और सौंदर्य के गांव के रूप में प्रतिष्ठित करने में प्रवृत्त हुए । उन्होंने -साधु समिति- नाम का एक अनुष्ठान बनाया इस अनुष्ठान का मुख्य उद्देश्य था बरपाली गांव में शांति की प्रतिष्ठा करना और गांव वालों के मध्य आपसी

सद्भाव कायम करना । पदमपुर से बरपाली वापस आने के बाद कवि को इस अनुष्ठान के विभिन्न पदों पर रहते हुए इसके विकास के लिए अनेक कार्य करना पड़ा था । वे राज परिवार के भी परम हितेषी थे मगर उनकी इस शुभ चिन्तक आत्मा को बरपाली के युवा जमीदार पहचान नहीं पाए । गंगाधर को वहां के लोग भी नहीं समझ पाये कि वे किस शक्ति,सामर्थ्य मनोभाव और सदिच्छा लेकर गाँव आए हैं। गांव के कुछ कुटिल व्यक्तियों द्वारा जाति भेद को लेकर जो अशांति का वातावरण खडा किया गया उसे समाप्त करने के लिए गंगाधर मेहेर ने आंतरिक प्रचेष्टा की थी । वे खुद इसका शिकार भी हुए थे मगर शांति प्रतिष्ठा के अपने सत्प्रचेष्टा से कभी निवृत्त नहीं हुए । बरपाली के जमींदार ने उन्हे गोली मारकर खत्म करने का धमकी दी थी मगर कवि उनके चरित्र सुधार के लिए हमेशा प्रयास कर रहे थे । अपने जीवन के अंतिम पर्याय में महासभा का आयोजन कर पहले अपनी जाति को कु-संस्कार से मुक्त एक सुसभ्य समाज में बदलने के लिए एक साहसिक कदम उठाया था । ऐसा भी नहीं कि गंगाधर के सभी स्वप्न चूर-चूर हो गये । लेकिन बरपाली गांव को शांति और स्वाध्याय का आदर्श गांव बनाने के लिए उन्होंने जो परिश्रम किया था उसका सफल रुपांतरण आज प्रत्यक्ष देखना संभव नहीं है । क्योंकि अन्य सभी गांव की तरह आज बरपाली भले ही एक विराट गांव का स्वरूप ले चुका है मगर ना वहां कोई उद्यान है ना ही कोई आदर्श शिक्षा अनुष्ठान है, ना वहां राजनीतिक द्वेष से मुक्त स्वच्छ परिवेश है, ना ही गंगाधर के स्मृति को बचाए रखने के लिए कोई संग्रहालय ही है। दूसरी तरफ अगर हम देखें तो शांतिनिकेतन मे रविंद्रीय सत्ता का स्पर्श चारों तरफ अनुभूत होता है।

इस दृष्टि से विचार किया जाए तो रवींद्रनाथ सफल नाटक के श्रेष्ठ नायक हैं और गंगाधर व्यर्थ मनोरथ बरपाली गांव के विफल नायक । मगर दोनों ही की आत्मा में एक स्वस्थ समाज निर्माण के लिए जो अजस्र स्वप्न भरा हुआ था उसे हम अस्वीकार कदाचित नहीं कर सकते हैं । चर्मचक्षु से रवींद्रनाथ के शांतिनिकेतन का सौंदर्य दृष्टि को आकर्षित करने वाला लगता है और अंर्तमन की दृष्टि में अगर हम देखें तो बरपाली के वायुमंडल में संबलपुर ईलाके के सुक्ष्म भावालोक मे बाल्मीकि आश्रम, कण्व मुनि आश्रम की पवित्रता किस तरह विराजमान है उसे अनुभव किया जा सकता है। अगर गंगाधर अपने चेतना जगत में जिस आश्रम की प्रतिष्ठा कर गए हैं उसे हम वास्तविक धरातल पर उतार नहीं पाए, तभी हम ही विफल नायक कहलाएंगे । मगर गंगाधर विफल नायक नहीं है वे श्रेष्ठ समाज प्रतिष्ठा के स्वर्गच्युत देवदूत हैं। रविंद्र और गंगाधर के जीवन की सार्थकता यहां इस एक बिंदु में उपलब्ध की जा सकती है। आज भी रवींद्रनाथ इस भारत के महामानवीय सागर किनारे अपने चित्त-चरित्र को जागृत करने के लिए प्रेरणा प्रदान कर रहे हैं और गंगाधर समग्र विश्व को मधुमय करने की प्रेरणा देते हुए प्रेम पूर्ण, शांतिपूर्ण तरीके से यह भाव संचारित करने का प्रयास कर रहे हैं । अगर हम इन दोनों की चेतना की पवित्रता को संसार में प्रतिष्ठित कर पाएंगे तब हम जरूर शांति संचारित चिरानन्द प्रदानकारी नाटक के सर्वश्रेष्ठ चरित्र बन पाएंगे।

तोमर किर्ति चेये तुमी जे महान

विश्व कवि रवींद्रनाथ ठाकुर के जीवन और प्रतिभा से मुग्ध होकर किसी एक प्रसिद्ध कवि ने उन्हे ऐसा ही संबोधन किया था । ऐसा जान पडता है वास्तव मे रविंद्र नाथ का हृदय जितना विशाल था उनका जीवन क्षेत्र जैसा भावमय था उनकी सु-कीर्ति थी मात्र उसका एक अंश भर थी । अतः कवि ने कहा है कि तुम्हारी कीर्ति से तुम खुद और भी महान और विशाल हो। यह वाक्य तकरीबन 35 साल तक इस लेखक के मन को प्रभावित करता रहा। इसी भावपूर्ण पद को इस लेखक ने स्वभाव कवि गंगाधर मेहेर के संदर्भ में अनेकानेक बार प्रयोग कर असीम तृप्ति और आनंद का अनुभव किया है।

इतने साल के बाद इस लेखक की भावना में एक अलग ही आलोडन का संचार हुआ है । गंगाधर का जीवन निश्चित ही महान भावनाओं का सागर है। उनकी काव्य कविताएं इसका मात्र एक छोटा सा अंश ही कहलाएगा। अतः रविंद्र की कीर्ति से रविंद्र जिस तरह और भी महान थे उसी तरह गंगाधर को हम और आप उनकी कृतियों के तुलना में अकल्पनीय विशाल और उत्तुंग व्यक्तित्व कह सकते हैं । इसलिए रविंद्र नाथ के प्रति प्रयुक्त इस उक्ति को गंगाधर के संबंध में भी रखा जा सकता है। और तभी हम इन दोनों की प्रतिभा और जीवन की महानता को अनुभव कर पाएंगे।

लेकिन लेखक ने पहले जिस बात का उल्लेख किया है कि उस पर ध्यान केंद्रित करने के लिए हृदय की गहराई से पाठकों

का आह्वान किया है। तकरीबन 35 साल के बाद अन्वेषण मे लगे लेखक के अंतर्मन में इस अवधारणा को लेकर जो क्रांतिकारी बदलाव संगठित हुआ है उसे प्रकट किए बगैर लेखक चुप नहीं रह पा रहा ।

बाहर से देखने पर हमें इस पद की कोई समिचिनता अनुभव नहीं हो पाती। मगर आज क्योंकर लेखक के अंतर मन में यह पद परिवर्तित होकर बार-बार उच्चारित हो रहा है ....तोमार कीर्ति जेमोन महत तुमिओ तेमन महत
यानि तुम्हारी कीर्ति जिस तरह महान है तुम खुद भी उसी तरह महान हो । विश्व कवि रवींद्रनाथ की जो कृतियां हमें मुग्ध करती हैं उनकी महानता वास्तव में आश्चर्य चकित करने वाली है। रविंद्र नाथ बहुमुखी प्रतिभा के धनी थे साहित्य की लगभग सभी विधाओं में उन्होंने लेखनी चलाई और अजस्र शब्दों का सागर सृजन किया उसमें डुबकी लगाने पर हमें समुद्र स्नान की अनुभूति प्राप्त होना स्वाभाविक है ।

स्वभाव कवि गंगाधर मेहेर भले ही रविंद्रनथ की तरह इतनी मात्रा में साहित्य का सृजन नहीं कर पाए, मगर काव्य - कविता , गद्य रचना , चिट्ठी-पत्री में उनकी प्रतिभा की जो दिव्य किरणें प्रकाशित है वह समग्र ओड़िशा के सु-पाठकवर्ग को अनन्य अनुभूति प्रदान करती है । रवींद्रनाथ ने केवल साहित्य का सृजन नहीं किया था वो खुद एक अभिनेता और चित्रकार भी थे। और इस समग्र धरती के लिए उनका अन्यतम श्रेष्ठ अवदान है उनके द्वारा निर्मित शांतिनिकेतन। इन सब के बीच रविंद्र की प्रतिभा जिस तरह प्रकाशित हुई है उसे क्या हम नहीं कर सकते हैं कि तुम जिस तरह की महान आत्मा के अधिकारी हो तुम्हारी सृष्टि निश्चय ही सफलता संबंधित है । रविंद्र के किसी छोटी कविता से

उनके व्यक्तित्व का आकलन करना संभव नहीं है । अतः उनकी कीर्ति महान यह तो निश्चित है लेकिन उनकी कीर्ति की अपेक्षा वह खुद भी अगर महान है ऐसा ही कह सकते हैं तो इसमें किसी तरह की असंगति नहीं दिखाई देती । इस तरह स्वभाव कवि गंगाधर मेहेर की प्रतिभा जिस तरह विस्मय का बोध कराती है उसी तरह उनकी जीवनी भी अनंत प्रेरणा से भरपूर है इसे स्वीकार किया जा सकता है। गंगाधर की सर्जना महान, गंगाधर की जीवन चेतना भी महान थी । कई लोग ऐसा कह सकते हैं कि जीवन महाकाश की तरह व्याप्त है, सागर की तरह विशाल और मनुष्य के द्वारा की गई सर्जनात्मक सृष्टि उसका एक छोटा सा रुपांतर मात्र है । मगर क्या यह कभी भी जीवनाकाश के साथ समतुल्य हो सकती है। तभी कहा जा रहा है कि तुमार कीर्ति चेये तुमी जे महत। इसी भाव को लेखक ने पुनर्विचार करते हुए देखा कि समुद्र, समग्र विश्व ब्रह्मांड भगवान की सृष्टि है और इस सृष्टि से वे खुद कितने विशाल रहे होंगे इसकी कल्पना करना असंभव ही है। मगर उनकी सृष्टि के एक छोटे से अंश में भी उनका पूर्ण रूप प्रकट हो जाए इसे हम अस्वीकार नहीं कर पाएंगे । फुलों के प्रस्फुटन में, सूर्य के किरण में, चंद्र की शीतलता के स्पर्श में, टिमटिमाते तारों में, कहीं भी उनकी पूर्णता अनुपस्थित कहीं जा सकती है। इस तरह रविंद्र नाथ के गीतांजलि के मात्र एक पद मे रविंद्र के समग्र जीवन का भाव उत्पन्न झंकृत हो रहा है इसे अस्वीकार नहीं कर सकते । चावल पकाते समय उसमे से अगर एक दाना निकाल कर देखो तो समग्र पात्र में भरे हुए चावल पक गए हैं या नहीं उसे अनुभव कर पाना असंभव नहीं है । पात्र का समग्र चावल जिस तरह महान है इस तरह वहां से निकला गया एक दाने को भी हम महान कह सकते हैं । क्या यह वास्तविकता

नहीं है कि रविंद्र की एक छोटी सी कविता या उनके नाटक काबुलीवाला या पोस्ट मास्टर , नौका डूबी या गोरा उपन्यास के अंदर रविंद्र की प्रतिभा की पूर्णता निर्देशित दिखती है। इसी प्रकार गंगाधर मेहेर के भक्ति कविता का एक पद हो या फिर तपस्विनी महाकाव्य के सीता चरित्र में उनके द्‌वारा बनाए गए मौलिक चरित्र पर प्रकाशन अथवा गंगाधर के - शिक्षित अशिक्षित और शिक्षाभिमानी जैसे प्रबंध में , कविवर राधानाथ को भेजे गए भक्तिपुर्ण पत्र में उनके संवेदनशील जीवन की अभिव्यक्ति क्या कम प्रभाव छोड़ती दिखाई देती है। इस दृष्टि से विचार करें तो गंगाधर का जीवन भी रविंद्र के जीवन की तरह महान था उनकी कृतियां और कृति भी उसी तरह महानता में प्रकाशित है। रवींद्रनाथ की तरह गंगाधर ने शांतिनिकेतन जैसे विशाल शिक्षा अनुष्ठान न किया हो आश्रम भले ही नहीं बनाया हो मगर तपस्विनी महाकाव्य में जिस वाल्मीकि आश्रम की उन्होंने प्रतिष्ठा की है या प्रणयबल्लरी काव्य में कण्व ऋषि के आश्रम का जो वर्णन किया है वह शांतिनिकेतन से किसी भी गुण में काम नहीं कहा जा सकता । एक ने मर्त्यभूमि में शांति का आश्रम बनाया तो दूसरे ने काव्यभूमि में शांति के राज का अनुभव होने वाले दिव्य आश्रम का सपना देखा है । कोई किसी से काम नहीं है वरन दोनों का जीवन और व्यक्तित्व किसी से कम नहीं है । जिस तरह एक जल बिंदु में समग्र आकाश प्रतिफलित हो सकता है रविंद्र या गंगाधर का एक-एक प्रेरणा पूर्ण वाक्य और पद में उनके चेतन की अस्मिता की प्रस्तुति हो सकती है । गुलाब का पौधा महान और गुलाब उससे कम महान ऐसा हम कदाचित नहीं कह सकते। गुलाब का फूल जिस तरह सुंदर मनोहरी है उसी तरह कंटकित गुलाब पौधा भी हमारे लिए पूज्य है,नमस्य है। बरगद का सामान्य

पत्ता या बीज जिस तरह महान है समग्र बरगद का पेड़ भी उसी तरह महान है। बिंदु के मध्य सिंधु दर्शन की अनुभूति कोई असंभव नहीं है शुद्ध जल बिंदु में महासागर की कल्पना करने हमें असीम क्षमता प्रदान करती है । शिशु जिस तरह हमें प्रिय होता है उसे बनाने वाले पिता माता भी उसी तरह हमारे प्रियपात्र है। रिश्ता और सृष्टि को अलग करके देखना हमारे लिए समिचिन नहीं होगा । दीया और उसके आलोक को कभी भी अलग करके विचार नहीं किया जा सकता । ज्यौत्ना से चांद को अलग कौन कर सकता है इस दृष्टि से अगर हम सूक्ष्मदर्शी हों तभी रविंद्र का जीवन और साहित्य के साथ गंगाधर के जीवन और साहित्य को सामान अंतरात्मा में आलोकित कर सकते हैं । भाव में बहकर तोमार कीर्ति के तुमि जे महत बोल सकते हैं मगर वह अपराध है ऐसा बिल्कुल नहीं कहा जा सकता। यही तो कवि के प्रति हमारी भक्ति अर्पित करने का एक माध्यम है तब कवि और कविता के शिल्प और चित्र का या उसके द्वारा आंके गए चित्र, फूल, पेड़-पौधे, सूर्य और किरण, मेघावृत्त आकाश और वहां से बरसने वाले मुसलधार बारिश कोई किसी से कम नहीं है । दोनों ही अतुलनीय अपने-अपने स्थान पर महानता के दीप्तिमंत संकेत मात्र है। इस तरह रविंद्र की कीर्ति जिस तरह महान है उनका जीवन भी इस महानता की दृष्टि से उज्वलमय है यह केवल कहा जा सकता है । गंगाधर का व्यक्तित्व और जीवन जिस तरह की स्वतंत्र, अतुलनीय है उनके काव्य की सृष्टि भी उसी तरह सुंदर और अनुपम है । रविंद्र गंगाधर दोनों ही हमारे लिए नमस्य है। दोनों के जीवन दोनों की स्थिति को हम सामान प्रेरणादायक मान सकते हैं इसमें कोई संदेह नहीं है।

--------'-------------

रविंद्र नाथ और गंगाधर की दो कविता प्रार्थना की दो दीप शिखा

विश्व कवि रविंद्र नाथ की गीतांजलि के प्रथम कविता का प्रथम पद अत्यंत ही प्रसिद्ध हुआ है पुस्तक के मूल कविता में ही जिस तरह कवि ने ईश्वर के उद्देश्य में खुद को निवेदित करने की मानवीय भावधारा को उन्मुक्त किया है वह अत्यंत ही मर्मस्पर्शी है । जीवन में उस समय ही वास्तविक सार्थकता देखी जाती है जब मानव प्रभु के सम्मुख अपने हृदय के द्वार को उन्मुक्त कर देता है । रवींद्रनाथ बचपन से ही जिस परिवेश में पले बढे थे जिन ग्रन्थों को पढ़ने में उन्होंने अपना मन लगाया था उसे श्रेष्ठ व्यक्तित्वों के संपर्क में आकर वैदिक ऋषियों के मंत्र पाठ करने की जो निष्ठा ठाकुर ने दिखाया था वह उन्हें एक विशाल प्रतिभा के तौर पर बनाने में सफल रहा । हृदय अगर कमनीय क्रांति में सुशोभित ना हो, अंग-अंग में समर्पण के भाव अगर पूर्ण ना हो तब कोई कदाचित निवेदित आत्मा का अधिकारी नहीं हो सकता । रविंद्र का चित्त ईश्वर अनुभूति से अविभूत था तभी गीतांजलि के प्रथम कविता में यह समर्पित भाव स्पष्ट देखा जा सकता है । जिसमें कवि ने कहा-

आमार माथा नत कर दाओ है तोमार चरन धुलार तले.
सकल अहंकार हे आमार डुबाओ चोखेर जले

मानव के आंख से जब पवित्र लोतक निकलता है तब उसकी अंतरात्मा अहंकार के मेघ से मुक्त होती है वही बात रविंद्र के मामले में साफ देखी जाती है।

अपने खुद का गौरव गान करें तो मानव को अपमान का सामना करना पड़ता है । खुद को विज्ञापित करने की मनोवृत्ति मानव को बहिर्मुखी बनता है मगर जब कोई ईश्वर की करुणा से परम शांति की धारा में डूबना चाहता है तब वह संपूर्णता से ईश्वर के हृदय में प्रवेश कर पाता है। यही बात रविंद्र नाथ और गंगाधर की रचना में साफ देखे जा सकती है । रविंद्र की चेतना जब अंतर्मुखी हुई थी तब उनकी प्राण सत्ता की कोमलता कमल के फूल की तरह किस तरह प्रस्फुटित हुई थी यह हम साफ देख सकते हैं। उनकी प्रथम कविता का पाठ कर इस पवित्र भाव को पाठक अपने अंदर अनुभूत कर सकता है।

अपने हृदय के जिस भाव को रविंद्र नाथ बांग्ला भाषा में अभिव्यक्त करते हैं, गंगाघर अपनी स्वरचित कविता में इसी विनम्रता के श्रेष्ठता का प्रदर्शित कर रहे हैं। गंगाधर मेहेर की अर्द्ध थाली कविता संकलन में प्रथम कविता का शीर्षक है भक्ति इस कविता के प्रथम पद मे कवि ने लिखा है -

विश्व जीवन है,
तुम्भन्कु करुणा सिंधु
बोलीबाकु मन बलु नाहीं
जेणु सिन्धु तुम कृपा बिंदु(ओडिआ लिप्यंतरण)

जिसका अर्थ है - हे विश्व-नियंता तुम्हे करुणा सिन्धु कहने को मन नहीं चाहता क्योंकि सिन्धु तो तुम्हारा ही मात्र एक बिन्दु है। ईश्वर की अपार करुणा कि अभिव्यक्ति इस तरह के कविता में वर्णित होना कविता का एक महान संयोजन है। ईश्वर को करुणा सागर या करुणा सिंधु ऐसा संबोधन कर देना ही संपूर्णता नहीं है क्योंकि जिस सिंधु को हम प्रत्यक्ष देखते हैं वह

परमेश्वर के करुणा का सामान्य बिंदु मात्र है। अतः ईश्वर की करुणा का वर्णन करना मनुष्य के लिए कितना असंभव कार्य है वह इस एक पद से अनुभूत हो रहा है । रविंद्र ईश्वर के ह्रदय कमल में सुरक्षित रहने की नीरव प्रार्थना करते हैं, जबकि गंगाधर ईश्वर के उसी करुणा के व्यापक परिसर को अभिव्यक्त कर रहे हैं । इसका अर्थ है कि कवि उस महान करुणा के अकल्पनीय जगत में खुद को महसुस कर पा रहे हैं। गंगाधर ने अनुभव किया की माला जप कर ईश्वर की भजन में निर्दिष्ट हो जाना साध्यातीत है उन्होंने आगे कहा है -

देई नाह बल पद धुली
घेनी पारिब नाहीं मो मुण्ड । (ओडिआ लिप्यंतरण)

रवींद्रनाथ अपने मस्तक को ईश्वर के चरण धूल में स्थापित कर रहे हैं जबकि गंगाधर उस हर एक धुलकण में करोडों सूर्य का समागम देख रहे हैं । ऐसा वर्णन करते हैं जिसके कारण उस धूल को अपने माथे में लगाने को असमर्थ हुँ यह भाव प्रदर्शित कर रहे हैं। बाह्य दृष्टि से देखें तो रविंद्र की कविता के इस पद का संपूर्ण एक विपरीत भाव गंगाधर के इस प्रसिद्ध पंक्ति में देखा जा सकता है । रविंद्र ईश्वर के चरण के नीचे नतमस्तक होने का भाव प्रदर्शन कर रहे हैं जबकि गंगाधर यह भाव प्रदर्शन कर रहे हैं ईश्वर की चरण की धूल ग्रहण करने के लिए क्षमता तक आदमी में नहीं है । इस दृष्टि से समीक्षा करें तो गंगाधर की ईश्वर कल्पना रवीन्द्र नाथ के मुकाबले बहुत विराट और महान दिखाई पडती है। दोनों के चिंतन में जो भिन्नता है वह पाठक स्वयं अनुभव कर सकता है । मगर यह शब्द प्रकाश के मध्य पाया जाने वाला विभेद मात्र है। दोनों के पदों में जो महान अनुभूति की अंतर्भावना छिपी है उसका जो अंतस्वर है वह एक और अभिन्न

जान पड़ता है। गंगाधर और रविंद्र दोनों ही भगवान के पास खुद को समर्पण कर दिव्य शांति का अनुभव करते हैं । गंगाधर जानते हैं कि उनके विश्व जीवन का हृदय की निकटता उपलब्ध करने में असीम शक्ति है । रविंद्र और गंगाधर दोनों की भाषा भाव प्रकाश मे अंतर दिखाई देता है लेकिन ये दोनों निर्मल आत्माएं ईश्वर की कितनी पास थी यह स्पष्ट अनुभूत हो सकता है ।

गंगाधर यह जानते हैं कि अपने हृदय में ईश्वर की प्रतिमूर्ति स्थापित कर पाना संभव नहीं है । जिस तरह सरसों के गर्भ में हिमालय की उपस्थिति की कल्पना संपूर्ण असंभव है इस तरह मनुष्य द्वारा ईश्वर की मूर्ति को अपने छोटे से हृदय में स्थापित कर पाना असंभव है। शायद इस लिए रविंद्र नाथ ने कहा-

जाचि है तोमार चरम शांति
पराने तोमार परम कांति
आमारे अडर करिया दांडाओ
हृदय पद्म दले (बंगला लिप्यंतरण)

गुरुदेव चाहते हैं कि ईश्वर परम शांति का कोमल स्पर्श प्रदान करें तभी वे अपने हृदय कमल में ईश्वर की कल्पना करते हुए उन्ही की सुरक्षा कवच में रहने की लालसा दिखाते हुए ईश्वर से प्रार्थना करते हैं। गंगाधर जिस दृष्टि से ईश्वर की मूर्ति को हृदय में स्थापित करना संभव नहीं है बता रहे हैं रविन्द्र अपने हृदय में पद्म की कल्पना इस ईश्वर की उपस्थिति और उनके सानिध्य पाने के अभिलाषी है । इस पद की अगर हम तुलना करें तो गंगाधर की ईश्वर कल्पना रविंद्र से काफी ऊंची है जिसे अनुभव किया जा सकता है । लेकिन दोनों ही पद के मध्य कवि की आत्मा के जो सुक्षतम भाव है दोनों की समानता को हम अनुभव कर सकते हैं । हिमालय को सरसों के अंदर प्रतिस्थापित

करना असंभव है मगर ईश्वर की उपस्थिति को अपने हृदय में अनुभव करने में कोई प्रतिबंध नहीं है । इन दोनों कवियों के कविता की जब हम आलोचना करते हैं तो लेबानन के महान कवि खलील जिब्रांग की बात स्वतः याद आ जाती है उन्होंने कहा मेरे अंदर ईश्वर है यह कहने की अपेक्षा में ईश्वर के हृदय में हूं इसे कहना ज्यादा युक्ति संगत नजर आ रहा है। कवि और साहित्य स्रष्टाओं के लिए यही शब्द प्रकाश का वह चित्र है- ईश्वर, जो मनुष्य के हृदय में संस्थापित हो जाए फिर ईश्वर के हृदय में मनुष्य खुद को सुरक्षित महसूस करता हैं । प्रकाश के भावना में इन दोनों का पाठ अलग नजर आता है मगर जो परम सत्य उसमें से प्रतिविम्बित होता है उसमें कोई अलगाव नहीं है। ईश्वर के प्रति भक्ति निवेदित करने की शैली भले ही भिन्न है मगर इन सभी साहित्यकारों की आत्मा के स्वर में कोई अलगाव नहीं है।

गंगाधर की भक्ति कविता के अंतिम पद में वे कहते हैं-

मुँ कार मातर
मोर हें बोली कही बाकु नाहीं बाट
दूरु श्रीचरणें अर्पण करुछी
घेन ता बिश्व सम्राट (ओडिआ लिप्यंतरण)

भक्त कहता है कि मैं ईश्वर के प्रति समर्पित हुँ। अपने को ईश्वर के प्रति संपूर्ण समर्पित करने की भावना जो रविंद्र नाथ ने दिखाई है गंगाधर भी वही कर रहे हैं । भक्ति भाव की गहराई में कोई असंगति नहीं है उसमें कोई सीमित दृष्टि नहीं है न हीं कोई छद्म व्यवहार उसमें देखा जा रहा है । हृदय संपूर्ण निर्मल होने पर ही आत्मा ईश्वर के भाव में तल्लीन हो जाती है । तभी कवि की कविता में शांति प्रेरणा और परम सत्ता के साथ संयुक्त होने के भाव प्रस्तुत होता है दोनों ही कविता में भावप्रकाश की

शैली भिन्न हो सकती है मगर दो कोमल कवि आत्मा के निष्पाप स्पर्श हमारी आखों में भी अश्रुधार भर देते हैं। आत्मा जब विनित हो जाए , अहंकार के आवरण को त्याग मानव जब मुक्त हो जाए तब जो स्वर्गीय शांति का स्पर्श उसे मिलता है वही भाव पाठकों के मन गहराई से पैठ जाता है । रविन्द्र और गंगाधर दोनों खुद को सार्थक भाव से प्रकाशित कर रहे हैं तभी उनके भाव की गहराई में पाठक जब प्रवेश करें तब वह करुणास्निगिध कोमल दिव्य उपलब्धि को प्राप्त कर सकता है। दोनों रविंद्र और गंगाधर इस लिए केवल बंगला और ओड़िआ भाषा पाठको द्वारा आद्दत नहीं, वरन संसार के किसी भी मर्मज्ञ पाठकों के लिए ये दोनों प्रार्थना की दो दीप शिखाएं है।

-----0-------

रवींद्रनाथ की कविता मे ईश्वर का आवाहन गंगाधर की कविता में अमृत का जयगान

विश्व कवि रविंद्र नाथ के गीतांजलि सहित अनेक कविताओं में जिस तरह ईश्वर की अनुभूति का स्पंदन सुनाई देता है उसी तरह गंगाधर की कविता में अमृत अनुभूति की सुमधुर ध्वनी सुनाई देती है। रविंद्र नाथ को 1913 में जब नोबेल पुरस्कार प्राप्त हुआ था, तब गंगाधर प्रतिभा काव्य -कविता रचना मे निखर रही थी । उस कालखंड में गंगाधर काव्य रचना में सक्रीय थे, वे अखबार नियमित पाठ करने के साथ बांग्ला भाषा की पत्र पत्रिका का भी पठन-पाठन करते थे। अतः रविंद्र नाथ के नोबेल पुरस्कार प्राप्ति का समाचार उन्हें मिला न हो इसकी संभावना नहीं है । इस तरह रविंद्र के कविता पाठ से वे वंचित रहे हों यह बात भी अवास्तव सी लगती है। हाँ यह सत्य है कि, दोनों के मध्य किसी तरह का प्रत्यक्ष परिचय नहीं था । गंगाधर ने कहीं भी रविंद्र के प्रसंग का उल्लेख भले ही न किया हो मगर उनकी प्रतिभा के बारे में वे कुछ जानते न थे ऐसा नहीं कहा जा सकता। रविंद्र और मेहेर की प्रतिभा के मध्य जो समानता हम देखते हैं उसे देखकर आश्चर्यचकित होना पड़ता है। रविंद्रनाथ गंगाधर को प्रभावित कर रहे हैं यह प्रमाणिक तौर पर स्थापित नहीं किया जा सकता लेकिन दोनों के चिंतन और आदर्श में एक समान भाव दिखाई देता है । वह दोनों श्रेष्ठ सर्जनाकारों के मानस पटल पर उद्भाषित सत्य की सुंदरता अभिव्यक्ति के रुप में आई है ऐसा मानना होगा। एक

बंगला का कवि है दूसरा ओड़िया भाषा का , लेकिन दोनों की चेतना में जो समान ध्वनी निनादित सुनाई देती थी उसे देखते ही दोनों के अंतरात्मा में एक जैसा समान भाव निर्मित था ऐसा अनुभव किया जा सकता है। इसकी एक विस्तृत व्याख्या की जा सकती है मगर उससे दूर रहते हुए रविंद्र की एक कविता और गंगाधर की एक कविता में अगर हम आलोचना करें तो दोनों के मध्य भाव की जो समानता है उसे दर्शाना इस प्रबंध का मुख्य उद्देश्य है । गीतांजलि के प्रत्येक कविता का भिन्न नामांकरण नहीं किया गया है रविंद्र की जो कविताएं इसमें संग्रहित हैं उसके प्रथम वाक्य को ही शीर्षक के तौर पर ग्रहण किया जा सकता है । वह है-

तुमि नव नव रुपे एसो प्राने ,
एसो गंधे वरने,एसो गाने
एसो अंगे पुलकमय परशे,
एसो चित्ते अमृतमय हरषे
एसो मुग्ध मुदित दु नयने
तुमि नव नव रुपे एसो प्राने

रविंद्र की इस कविता में ईश्वर को अत्यंत आंतरिकता के साथ जिस तरह आवाहन किया गया है वह ऐसा भावासिक्त, मंत्रसिक्त और ऐसा अनुभव है, जो पाठक के प्राण तंत्र को झंकृत कर देता है। इस पद में रविंद्र की आत्मा जिस तरह परमेश्वर के आवाहन के लिए मंत्र पाठ कर रही है वह किसी भी पाठक के लिए बोधगम्य हैं इस कविता में किसी तरह की क्लिस्टता नहीं है किसी तरह के कठिन शब्दों का प्रयोग नहीं है और न हीं अस्पष्टता की कोई छाया है। रविंद्रनाथ भगवान को नए-नए रूप में पाने की

प्रार्थना करते दिखाई देते हैं। सुगंधित परिवेश में , रूप परिग्रह कर गान का एक सुंदर तान होकर जब वे आएंगे तब जीवन सार्थक हो जाएगा । वे इस तरह महत्वपूर्ण सुक्ष्म सत्ता हैं जो हर अंग को पुलकित कर जाएंगे। चित्त के मध्य अमृतमय आनंद की सृष्टि हो जाएगी । जब मुक्त भाव से दोनों नयन मुदित हो जाएंगे तभी उसमें प्रकाशित होंगे ईश्वर।

रविन्द्र ने ईश्वर की जो सुंदरतम " अनुभूति की कल्पना की है वह वास्तव में एक सामान्य शुद्ध आवेग है जिसके अंदर निश्चित ही तन्मयता का भाव है। इस कविता में मात्र दो भाग है, अब दूसरा भाग विचार करें

ऐसो निर्मल उज्ज्वलकांत
ऐसो सुंदर स्निग्ध प्रशांत
ऐसो ऐसो हे विचित्र विधाने
ऐसो दुखे, सुखे ऐसो मर्मे,
ऐसो नित्य नित्य सब कर्मे
ऐसो सकल कर्म अवसाने
तुमी नव नव रुपे ऐसो प्राने

ईश्वर वहां आते हैं जहां वे निर्मलता, उज्जवल और आत्मा की मधुरकांति देखते हैं । इसीलिए कवि ने स्वयं ईश्वर को निर्मलता , उज्ज्वलता, सुंदरता के स्निग्ध प्रशांत भाव के एक महान सत्ता के तौर पर अनुभव किया है। ईश्वर सुख में दुख में दैनन्दिन सफल कर्मके मध्य हर जगह नए नए रूप में आकर जीवन को अपूर्व माधुर्य से भर दें, यही ईश्वर से कवि की आंतरिक प्रार्थना है ।

रविंद्र के इस कविता को पढ़ने के बाद हम उसका मर्म उपलब्ध कर पाएंगे अब आते हैं गंगाधर के पास जो समग्र सृष्टि को मधुमय रूप में देखना चाह रहे हैं -अमृतमय- कविता में इस दृष्टि को उन्होंने और अनेक अर्थपूर्ण भाव से प्रकाशित किया है ।

नव विकसित फूल गंध
सरस कविता छंद,
वन विहग मधर तान,
शिशु सरल तरल गान,
नव प्रफुल्ल कमल कानन,
नव सुकुमार शिशु आनन,
अमृतमय,अमृतमय
भसाई नेउछि जीबन (ओडिआ लिप्यंतरण)

हर सुंदर दृश्य में, मधुर चांदनी में, संगीत के हर ललितगान में और पुष्प के प्रस्फुटन में गंगाधर अमृत का अनुभव कर रहे हैं । इस तरह धीर समीर, शुभ्र चंद्र किरण में वर्षा के स्वच्छ धारा में , उषाकाल के मधुर आलोक में उन्होंने अमृत का महास्रोत देखा है। कवि यहां झिलमिल तारों के आलोक में अंधकार को दूर कर ईश्वरीय सत्ता को देख रहे हैं । दोनों ही कवियों ने अपने कविता के माध्यम से अंधकार मुक्त पृथ्वी के पुलकित स्पन्द्न को , पर्वत के निर्झर संगीत में सागर बिंदु को देख रहे हैं। मनुष्य की आत्मा अमृत सागर से उपर उठकर आकाश को स्पर्श करती है फिर आकाश से गिरकर उसी अमृत धारा में मिल जाती है। इस तरह ऐसी भावना लेकर मानव की आत्मा विश्वनाथ की करुणा के अमृत सागर में लीन हो जाती है।

अपनी समग्र कविता में गंगाधर ने जिस तरह अमृत का गान किया है। वह उनकी उपलब्धि की गहराई को दर्शाता है। रविंद्र नाथ की कविता में ईश्वर के शुभ आगमन हेतु जिस प्रार्थना का स्वर निर्झरित हो रहा है उसे गंगाधर मेहेर की कविता में अमृत की उपलब्धि की सुंदर तान को पाठक अनुभव कर सकते हैं। गीतांजलि के पद में रविंद्र की आत्मा का संगीत पाठक को जिस तरह पवित्र अनुभूति से भर देता है गंगाधर की -अर्घ्यथाली- कविता उस तरह हमें अमृत की ओर उन्मुख होने के लिए एक प्रेरणा प्रदान करती है दोनों ही कविता के छंद में जो सौंदर्य विद्यमान है वह एकसमान भाव लिए हुए है।

रविंद्र और गंगाधर दो नाम हो सकते हैं मगर आत्मा एक ही दिखाई दे रही है, शरीर दो हैं, अलग-अलग जन्म स्थान है, भाषा अलग है मगर दोनों के अंतर का भाव एक समान और अभिन्न दिखाई देता है। दोनों ही कवि हमारे लिए प्रणाम योग्य और प्रेरणा प्रदान में समान भाव लिए हैं। उदाहरण स्वरूप दोनों ही कवियों की एक-एक कविता को अगर हम आलोचना के परिसर में लाएं तो यह स्पष्ट हो जाता है कि दोनों का हृदय काफि कमनीय और कांतिमय है। दोनों कवियों के ललित स्वर का माधुर्य पाठकों की आत्मा को द्रविभूत करने में समर्थ है।

---------------------------0-----------------

रविन्द्रनाथ और गंगाधर में आपदा से पार पाने की शक्ति

इस संसार में मानव का जीवन किस तरह असहाय और वाधाविघ्न से परिपूर्ण है उसे भला कौन नही जानता है। आपदा के प्रति भय का होना मानवमात्र का सहज गुण है। जीवन कितने दुख, कष्ट यंत्रणाओं से होकर गुजरता है यह अपने अपने जीवन का अनुभव ही बताता है। कोई व्यक्ति चाहे कितना भी धनवान हो, कितना भी बलवान हो या फिर क्षमतावान हो आपदा से कोई भी मुक्त नहीं है। तभी तो आदमी जब आपदाओं के चलते असहाय हो जाता है, जर्जरीत और लहूलुहान हो जाता है तो अपने परम आराध्य ईश्वर से इस आपदा से पार पाने के लिए प्रार्थना करता है । ऐसे कठिन समय में जो लोग सुख-दुख में समानभाव से समानता के सौंदर्य में स्थिर चित्त रहते हैं वे ऐसे अनेक विघटनकारी समय के बीच उस महाशक्ति के समक्ष ध्यान मग्न होकर अपने दुख और वेदना रुपी रात का मुकाबला करते हैं । जो कविता यंत्रणा से जर्जरीत मानव का मार्गदर्शन ना कर पाती हो वह कदाचित प्रेरणादायक कविता नहीं कहलाती है। दूसरी तरफ जो साहित्य साधक अपनी कृतियों में इस आपदा को पार करने की शक्ति का संचार कर देते हैं वे नमस्य हो जाते हैं, स्मरणीय कहलाते हैं । इस दृष्टि से अगर हम रविंद्रनाथ और गंगाधर की कविता का पठन करते हैं तो उसमें अनंत शक्ति की आलोक रेखा स्पष्ट

दिखाई देती है। आपदा के समय उससे पार पाने के लिए हम ईश्वर से आतुर होकर प्रार्थना करते हैं। मगर रवींद्रनाथ और गंगाधर कभी नहीं ऐसा करते दिखाई नहीं देते हैं। ऐसै में उनकी कविता में कौन सी ताकत है जो मानव को असीम शक्ति प्रदान कर रही है । इस आशय में अगर हम दोनों की कविताओं की अंतर भाव के प्रति समर्पित होते है तब दोनों की कविता में अभिनव उपाय का स्वर हम सुन पाएंगे। पहले रविंद्र की कविता पर ध्यान देते हैं, वे अपने कविता गीतांजलि में उल्लेख करते हैं-

विपोदे मोरे रक्षा करो
ए नहे मो प्रार्थना
बिपदे आमी ना जेन करि भय
दुखे तापे ब्यथित चित्ते
नईबा दिले सांत्वना
दुखे जेन करिते पारि जय (बंगला लिप्यंतरण)

इसी तरह की प्रार्थना करते हुए रविंद्र ने कहा अगर इस जीवन में कोई मेरी सहायता ना भी करें तब भी मेरा बल समाप्त न होने पाए। संसार में मेरे जिंदा रहने से किसी का कोई नुकसान नहीं है मगर जिंदा रहते समय अपने लाभ-हानि को स्वीकारते हुए रविंद्र का हृदय एक दिव्य चेतना भाव संचारित करता दिखाई देता है। भवसागर से पार पाने के लिए अक्सर लोग व्याकुल होकर ईश्वर के पास भक्ति निवेदन करते हैं। मनुष्य अपने दुखःकष्ट से पार पाने के लिए अपने प्रियजनों की सहायता और सानिध्य की आशा करता है। जब ऐसा आश्वासन ना मिले तो दुख सहन करने के लिए हर व्यक्ति अनंत शक्ति के समक्ष मस्तक होता है । दुखः सहने की कला भी कम सुंदर नहीं है। रविंद्र इस सौंदर्य में खो जाने के लिए इच्छा जताते हुए भावों को अपने अंतर की भाषा में

प्रकाशित करते हैं । जब जीवन में सुख सौभाग्य आएगा तब भगवान के दिखाते हैं कृतज्ञता का भाव। अगर दुख के समय कोई सहायता न करें , फिर भी ईश्वर के ऊपर से आस्था समाप्त न होने पाए यही उनका अभिप्राय है । जब जब हम ईश्वर के सहयोग से वंचित रह जाते हैं भगवान के प्रति हमारा मन शंकाग्रस्त हो जाता है । लेकिन रविंद्र की ऐसी अभिनव इच्छा ही दिखती है कि दुखः-कष्ट में जीवन व्यतीत करने के बावजूद ईश्वर अनुराग का भाव बिल्कुल भी मालिन नहीं हो पाए। गीतांजलि के ऐसे पद से पाठक के अंदर कैसी शक्ति संचार होता है इसे हृदयंगम किया जा सकता है। मनुष्य जिस दुख और आपदा से अस्थिर हो जाता है उसे अगर महाकवि अपनी कविता में व्यक्त करते हैं तब यह भाव समाज और मानव को दुखः-आपदा से पार पाने की शक्ति प्रदान करता है । रविंद्र नाथ की कविता में यही भाव दिखाई दे रहा है । जीवन में अगर लाछंन और अपमान मिल रहा है तो उसे अपने कविता के जरिए प्रकाशित करना उच्च स्तर के साहित्यकार को शोभा नहीं देता। हम लोगों के तरह साधारण मानव कातर भाव को प्रकाशित करता है, अगर महान साहित्यकार भी ऐसा करें तो उनसे भला कौन महान दिग्दर्शन की आशा कर सकता है । ऐसे दिगदर्शन के लिए रविन्द्र ने कविता नहीं लिखी। मूल बात है ईश्वर के प्रति प्रेम अनुराग में किसी तरह की मलीनता ना आए यही आंतरिक स्थितप्रज्ञ भावना को प्रकाशित करना उनकी कविता का सारमर्म है। ऐसा ईश्वर अनुराग जिसके अंतरमन में जाग्रत हो जाता है वह सभी बाधा-बिघ्न को स्वाभाविक तौर पर पार कर जाते हैं ।

रविंद्र की तरह ओड़ीशा के स्वभावकवि गंगाधर ने भी भक्ति भावना अपने काव्य के जरिए प्रदर्शित की हैं। इस प्रसंग में

उनके रचित -अर्घ्यथाली- पुस्तक की एक कविता-गणेश की आत्मकथा-पर आलोचना करें तो काफी होगा, उस कविता में गणेश कहते हैः-

गणेश बोलंती बिघ्नराज बोली
पूजा करी मोते नरे
बहु चाटू करि प्रबर्ताई थांति
बिघ्नकूल नाशनरे (ओडिआ लिप्यंतरण)

गणेश इस कविता में बोलते हैं कि बिघ्न विनाशन के लिए लोग मुझसे जो प्रार्थना करते हैं उसे कार्य में परिणत करना भला कैसे संभव हो पाएगा । अगर मैं बिघ्न राज हूँ तो सारे बिघ्न मेरे आश्रित प्रजा हुए, तब मैं भला उनके बिघ्न नाश के लिए किस दृष्टि से कार्य करुंगा। गणेश जी को मालूम है मनुष्य समाज बाधाबिघ्नों के कारण अत्याचार सहन करते हैं । बाधाओं से जो सदा भय करते हैं, प्रतिकूल परिस्थिति में जो धैर्यच्यूत हो जाते हैं ऐसे लोगों के लिए इस कविता में एक निरंतर संदेश है । वह है जो बिघ्न के साथ मित्रता करने में समर्थ है उनको ही वही बिघ्न अपूर्व शक्ति साहस और सामर्थ्य प्रदान करता है। कविता के अंतिम पद में गणेश को प्रति जो उक्ति है वह काफी प्रेरणादायक है गंगाधर की भाषा में -

बिघ्नमाने मोर सतत अछन्ति
सिद्धि भंडार प्रहरी
सिद्धि ता हस्त कु न जाए, जे चाहें
दूरु चांही तांकु डरी (ओडिआ लिप्यंतरण)

वास्तव में बिघ्नराज की बिघ्नशक्ति ही सकल सिद्धि भंडार के जाग्रत प्रहरी होते हैं। मानव के साधना सिद्धि में जो प्रतिबंध बनने आती हैं इनमें उनका कोई असत उद्देश्य भी नहीं होता है।

उनका आगमन मनुष्य की शक्ति और भक्ति की परीक्षा के लिए अभिप्रेरित है तभी गंगाधर एक महान रहस्य का उनमोचन इस कविता में कर रहे हैं। अर्थात किसी भी दुख, कष्ट, आपदा, विपदा बाधाविघ्न से भयभीत न होकर उसे अतिक्रमण करने के लिए मानव के मन में कवि ने असीम शक्ति का संचार किया है। पांडिचेरी की श्रीमा ने एक बार कहा था कि मानव के जीवन पथ में बाधा-बिघ्न आने का संदेश यह है कि ये सब उसके मन में साहसिकता का भाव भरने के लिए आते हैं । अतः जब आपदा आती है तो वह हमें रोकने के लिए नहीं वरन उसे पार कर आगे बढ जाने के लिए आती है। तभी जो लोग उच्च स्तर के साधक या कलाकार होते हैं वे सदा सर्वदा निर्भयता से जीते हैं और एक महत्व, दिव्यता की ओर उन्मुख होते हैं।

विश्व कवि रवींद्र नाथ की कविता में आपदा से पार पाने के लिए कोई प्रार्थना नहीं है वरन इस आपदा को जीतने के लिए उनकी कविता में प्रेम पूर्ण अभिलाषा है । यह संसार कदाचित एक सरल रेखा नहीं है। मानव का जीवन असंख्य, दुखः यातनाओं से घिरा है , फिर भी मानव को चाहिए कि किसी भी मुहूर्त में अधीर अस्थिर ना होकर इस दुख को असीम धैर्य से सहन करने के लिए रविंद्र अंतरवीणा में एक सुमधुर ध्वनी सृजन कर गए हैं । जीवन में दुखःकष्ट आने पर भगवान के ऊपर से हमारी आस्था हट जाती है ऐसे संकट काल में जिन कवियों की कविता मानव को भगवान के प्रति गहरी आस्था और विश्वास के साथ दुख को अतिक्रमण करने के साहस देती है वही कविता परम संपदा कहलाता । रविंद्र और गंगाधर दोनों भिन्न-भिन्न राज्य और भिन्न भाषा के कवि थे मगर दोनों की कविता के अंत स्वर में समान भाव दिखाई देता है ये दोनों ही कवि मनुष्य जीवन में जिस श्रद्धा और धैर्य का संचार

कर गए हैं , उसीके चलते ये युग पुरुष की मर्यादा में अभिषिक्त होने के लायक हैं. रविंद्र और गंगाधर के इन प्रेरणादायक पदों को पढ़ने पर मनुष्य अपने अंदर एक असीम उत्साह की भावना का अनुभव करता है एक कविता के दृष्टांत और कवि के चित्त की भावना की जब हम आलोचना करते हैं तो उनके अंतर सत्य को स्पष्ट कर पाते हैं कि वह किस तरह सौंदर्य से प्रेरणादायक और प्रातः स्मरणीय उसे यथार्थ में अनुभव करने के लिए यह ध्रुव तारा की तरह निरंतर ज्योति प्रकाश फैलाने वाला नक्षत्र बना हुआ है।

-----------------0------------------

रवींद्रनाथ के गद्य रामायण, शकुन्तला और गंगाधर के काव्य प्रणयबल्लरी, तपस्विनी का तूलनात्मक अध्ययन

रविन्द्र और गंगाधर दोनों ही कवियों के हृदय में महाकवि वाल्मीकि रचित रामायण महाकाव्य और महाकवि कालिदास का अभिज्ञान शाकुंतलम् नाटक मानों गहराई से उतर गया है । गद्य हो या पद्य हो दोनों ही कवियों के भाव आदर्श में जो सामानता है वह पाठकों को मुग्ध करती है। रविंद्र अपने दो छोटे गद्य रचना के जरिए जिस निष्कर्ष पर पहुंचे हैं , गंगाधर अपने श्रेष्ठ काव्य में उसे विस्तार रूप देने में सफल हुए हैं। भारतीय संस्कृति का महान प्रतिफलन रामायण और शकुंतला प्रसंग में साफ देखे जाते हैं । रविंद्र नाथ के जैसे श्रेष्ठ रचनाकार भला इस संबंध में अपनी लेखनी चालन से कैसे विरत रह सकते थे। गंगाधर भारतीय और उत्कलीय संस्कृति का एक प्रतीकात्मक नाम है उनकी अंतरात्मा में भी यह दोनों ही प्रसंग सबसे अधिक स्पंदित-आलोड़ित करते दिखाई दे रहे हैं। रविंद्र और गंगाधर की रचना पर अगर हम नजर डालें तो यह सत्य साफ दिखाई देता है । रवींद्रनाथ ने अपने रामायण शीर्षक रचना में जिन कई महत्वपूर्ण विषय का संकेत दिया है उसे कदाचित कम कर नहीं आंका जा सकता। दिनेश चंद्र सेन की रामायण कथा पुस्तक की भूमिका पर यह रचित की गई है । उसके एक-एक वाक्य में जिस विश्व मानस के चिरंतन हृदय आवेग का उल्लेख किया है उससे स्पष्ट हो जाता है कि उनके

भाव कितने गहराई लिए हुए हैं। रविंद्र का एक वाक्य है -और एक तर के कवि होते हैंजिनकी रचनामें एक देश के एक युग का दर्शन किया जा सकता है। (प्रबंधमाला पृष्ठ 355)

रामायण में भगवान राम, लक्ष्मण जैसे प्रमुख चरित्र भारत के जनसाधारण को सहस्र वर्षों से अपने भाव बंधन में बांधकर रखा है । इस बारे में रविंद्र काफी सचेतन थे उनका कहना है रामायण की सबसे बड़ी विशेषता यह है कि इसमे घर की ही बात बृहद रूप में दर्शाइ गई है । पिता के प्रति पुत्र की वशता, भाई के लिए भाई का आत्म त्याग, पति के प्रति पत्नी का त्याग, प्रजा के प्रति राजा का कर्तव्य किसऊंचाई को प्राप्त कर सकता है यह रामायण में दर्शाया गया है। (निबंधमाला पृष्ठ 358)

रामायण के संबंध में रविंद्र के जो अनुभव है गंगाधर का अनुभव भी उससे भिन्न नहीं है । तभी तो उन्होंने त्याग और तीतीक्षा की महान प्रतिमूर्ति सती सीता को केंद्र में रखकर-तपस्विनी- महाकाव्य की रचना की । तपस्विनी की भूमिका में गंगाधर ने जो उल्लेख किया है वह निश्चय ही चिरंतन लगने वाली सामग्री है । सीता के चरित्र की महानता का उल्लेख करते समय रामचंद्र के व्यक्तित्व मे मर्यादा को उन्होंने यथार्थ भाव से प्रस्तुत किया है। गंगाधर की तपस्विनी वास्तव में रामायण के आदर्श का अनुसरण कर लोकप्रियता के शीर्ष में पहुंच पाई है। यह बात सच है कि तपस्विनी का प्रभाव ओड़िशा तक ही सीमित है मगर पति-पत्नी के भावात्मक संबंध और एक दूसरे को यथार्थ से हृदयंगम करने का सामर्थ्य,प्रजा के लिए कष्ट उठाने का दृष्टांत इस काव्य को महिमामंडित कर रहा है । ओड़िशा के हर घर में, हर गांव में तपस्विनी के पद इसके पाठकों को आंदोलित करता है । जिस सीता को अयोध्या में कलंकिनी का अपयश मिला था उस

सीता को सती राज्य की रानी के रूप में प्रकृति के चित्रण के माध्यम से प्रस्तुत करना ही श्रेष्ठतम कलाकार का अकल्पनीय परिचय है। तपस्विनी के पद इतने लोकप्रिय हो चुके हैं कि उसको यहां दोहराने का कोई अर्थ नहीं है । सीता रामचंद्र के व्यक्तित्व के बारे में कहती हैं -

हेले हैं से ह्रदयरे
संताप पतित
अन्य न बाहारे मुखुं
अमृत ब्यतित (ओडिआ लिप्यंतरण)

यानी ह्रदय में संताप है मगर उनके लिए अमृत के अलावा अन्य शब्द का उच्चारण नहीं निकलता। उसी प्रजानुरंजक रामचंद्र के व्यक्तित्व के बारे में आलोकपात करते हुए कवि कह रहे हैं -

ह्रदय पछे जले
बिद्‌युत अनले
जलदाने घन वाद्‌य
सुख तेजी राजा
तोषिब परजा
तेरे त परमाराध्य(ओडिआ लिप्यंतरण)

यानी बीजली के प्रभाव से बादल का ह्रदय यद्‌यपी जल रहा हो बादल जलदान ही करता है, राजा का कर्तव्य है कि प्रजा का पालन परमाराध्य की पूजा मानकर करना है। रामचंद्र, सीता जी, भरत, लक्ष्मण, शत्रुघ्न,वाल्मीकि,वाल्मीकि आश्रम के मुनि कुमारियों ने जिस तरह हर पाठकीय ह्रदय को द्रविभूत किया है उसकी कोई तुलना नहीं है। रविंद्र नाथ के स्वरचित प्रबंध का अंतिम वाक्य है , सत्य निष्ठा,पतिव्रता, प्रभु भक्ति का जो वर्णन है उसके प्रति अगर हम श्रद्धा और अंतर से भक्ति प्रदर्शित करें

तब हमारे कारखाना बने घर भर के झरोखों से महासमुंद के निर्मल हवा का प्रवेश जरूर होगा । (निबंधमाला पृष्ठ 361))

रविंद्र नाथ गंगाधर के तपस्विनी काव्य का पाठ नहीं कर पाए थे अगर उस समय किसी व्यक्ति द्वारा एक माध्यम बनाकर दोनों कवियों के मध्य सद्भाव की प्रतिष्ठा हो पाती तब तपस्विनी का पाठ कर रविंद्र क्या भाव प्रकट करते उसकी केवल हम कल्पना कर सकते हैं। महाकवि कालिदास के अभिज्ञान शाकुंतलम नाटक द्वारा गंगाधर जिस तरह अनुप्राणित हुए थे उसी से उनकी रचना प्रलयबल्लरी का जन्म हुआ है। रवींद्रनाथ का कालिदास को अध्ययन करना एक स्वाभाविक प्रक्रिया है शकुंतला शीर्षक प्रबंध मे रविंद्र नाथ ने लिखा है कि स्वर्ग और मर्त्य का यह जो मिलन है कालिदास ने उसे सहज भाव से संपन्न कराया है। फूल को उन्होंने ऐसे स्वाभाविक ढंग से फल में ढाला है और मर्त्य के सीमा में स्वर्ग की सीमा को ऐसे मिला दिया है जैसे कि दोनों के बीच कोई व्यवधान ही नहीं है (निबंधमाला पृष्ठ 363) इस प्रबंध में शेक्सपियर के टेंपेस्ट नाटक के सहित अभिज्ञान शाकुंतलम की तुलना रविंद्र नाथ ने की है और उन्होंने स्वीकार किया है कि दोनों की सृष्टि में क्या समानता है क्या असमानता इस की आलोचना करते हुए शकुंतला चरित्र की महानता को प्रतिपादित करना ही उनका मूल्य लक्ष्य है।

गंगाधर मेहेर अपने दोनों काव्य तपस्विनी और प्रणयबल्लरी में प्रकृति को स्वतंत्र चरित्र के रूप में जिस तरह से प्रकटित किया है वैसे ही सौंदर्य का अन्वेषण रविंद्र नाथ ने कालिदास में किया है । जो अभिज्ञान शाकुंतलम नाटक के प्रति संपूर्ण रूप से सही कहा जा सकता है । इसे प्रणय बल्लरी को ध्यान मे रखकर अगर कहा गया होता तो वह किस तरह सौंदर्य

का बखान कर पाता यह तो विचार विमर्श की बात है। रविंद्र नाथ की भाषा मे अभिज्ञान शाकुंतलम नाटक के अनुसूइया, प्रियंम्बदा, कण्व, और दुष्यंत की तरह तपोवन प्रकृति भी एक विशेष चरित्र है(निबंधमाला पृष्ठ379) शकुंतला के वेदना व्यथित हृदय का विलाप रविंद्र हृदय को विदीर्ण कर दिया है अपने ज्ञान या पांडित्य का प्रदर्शन करने के लिए रवींद्र ने इस प्रबंध की रचना नहीं की है उन्होंने शकुंतला नाटक में जिस शांति, मंगल कामना, सरलता, धैर्य और क्षमता का प्रकशित किया हुआ है उसके प्रति पाठकों की दृष्टि आकर्षण करते हुए जर्मन कवि गेटे के साथ खुद के स्वर को सम्मिलित करते हुए अंत में रहते हैं बेटे के संभालोचनाता अनुसरण करते हुए मैं फिर से कहता हूं कि शकुंतला के आरंभ का तरुण सौंदर्य मंगलमय परिणीति में सफलता प्राप्त कर मर्त्य को स्वर्ग के सहित सम्मिलित कर पाया है।(निबंधमाला पृष्ठ 378) कवि गंगाधर मेहेर प्रणय बल्लरी काव्य में जिस स्वतंत्रता का प्रदर्शन कर रहे हैं उसका भी उल्लेख करना आवश्यक है। शकुंतला के सरल निष्पाप हृदय को दुष्यंत के निष्ठुर प्रत्याख्यान द्वारा वे तोड़ नहीं पाए हैं । असल रहस्य यह है कि शकुंतला दुष्यंत के प्रत्याख्यान को ना समझते हुए उसे राजा का एक परिहास ही सोच रही है । गंगाधर के अनुसार अगर पति-पत्नी के रिश्ते में दरार आ जाति है तो उसे जोडना असंभव सा होता है तभी कवि ने यहां शकुंतला को सरल हृदय- प्रणय मुग्धा का रूप प्रदान कर अपने मानवीय हृदय का परिचय दिया है ।

रवींद्रनाथ के दोनों ही गद्य समालोचनात्मक हैं जबकि गंगाधर की रचना काव्यिक प्रकाश में श्रेष्ठत्व का दर्शन कराने वालो अविस्मरणीय कृति है । रविंद्र समालोचनात्मक प्रबंध रचना के द्वारा जिस अन्तर्निहित सत्य को प्रदीप भाव से प्रकाशित कर

रहे हैं गंगाधर ने भी तपस्विनी और प्रणयबल्लरी काव्य के द्वारा भारतीय भाव आदर्श को प्रतिष्ठित किया है। रविंद्र नाथ के सौंदर्य चेतना और गंगाधर की सौंदर्य दर्शन दोनों में कोई प्रभेद नहीं है दोनों ही आत्मिक शक्ति के आविष्कारक है और यही पाठकों के लिए श्रेष्ठतम संदेश है । पुनः समालोचक तुलनात्मक सृष्टि के साथ काव्य आदर्श की तुलना करना साहित्य को एक विशिष्ट उपलब्धि है जिस को ऐसे उपास्थापित किया जा सकता है वही हमारा विश्वास है।

---------0-------

रवींद्रनाथ का दृष्टिदान और गंगाधर मेहेर की तपस्विनीः एक तुलनात्मक आकलन

विश्व कवि रवींद्रनाथ ने अपने गीतांजलि कविता ग्रंथ के लिए नोबेल पुरस्कार प्राप्त किया था मगर उनकी लेखनी केवल कविता सर्जना में सीमाबद्ध नहीं थी । उन्होंने साहित्य के विभिन्न विधाओं में लगातार अपनी लेखनी चला कर जिस विशाल साहित्य कृतियों का सृजन किया है वह निश्चित ही आश्चर्यचकित करने वाला है। रविंद्र की गीतांजलि के साथ गंगाधर की -अर्घ्य थाली- कविता पुस्तक का तुलनात्मक अध्ययन एक से अधिक आलोचकों ने किया है। रविंद्रनाथ के श्रेष्ठ कहानियों में -दृष्टिदान- शीर्षक एक मर्मस्पर्शी कहानी भी है जिसका भाव तपस्विनी काव्य में गंगाधर ने सीताजी के चरित्र को जीवंत किया है। उसके भाव -दृष्टिदान- कहानी की नायिका मे भी बिल्कुल अनुभूत होते हैं । तपस्विनी के विषय को ओडिआ पाठककों के समक्ष प्रस्तुत करने की कोई आवश्यकता नहीं है । जो सचेतन पाठक हैं वे यह जानते हैं कि तपस्विनी काव्य शक्ति स्वरूपा सीताजी के उत्तर जीवन की करुण गाथा है । अयोध्या नगरवासियों द्वारा परित्यक्ता सीताजी वन में पहूंचकर सती राज्य की रानी के रूप में प्रकृति के द्वारा किस तरह सम्मानित हुई है उसे -तपस्विनी- के चौथे सर्ग में - मंगले अईला ऊषा.. के जरिए कवि ने अत्यंत भावपूर्ण तरीके से

उपस्थापित किया है । सीता वाल्मीकि आश्रम में अनुकंपा रूपक शांति और मातृ-सुलभ स्नेह प्राप्त करते हुए अपने निसंग और कारुण्य जीवन बिता रही है । वहींपर उन्हें पता लगता है कि रामचंद्र राजसूय यज्ञ का आयोजन कर रहे हैं। रामचन्द्र अवश्य ही दूसरी स्त्री का वरण कर चुके होंगे क्योंकि यज्ञ संपन्न करने के लिए जरूर ही पत्नी की आवश्यकता है। यह भावना उनके मन को अस्थिर कर रही है । तभी वह स्वामी रामचंद्र के लिए एक मर्म भरा पत्र लिखती है। इस प्रसंग में नारी मनोदशा को गंगाधर ने जिस दक्षता के साथ प्रस्तुत किया है वह अन्यत्र देखने को नहीं मिलता। सती सीता के अभिमान और पति के प्रति उनका आकर्षण एक साथ प्रतिबिम्बित हुआ दिखता है। रामचंद्र ने दोबारा विवाह किया है इसे लेकर वे दुखी नहीं है वरन रामचंद्र से अनुरोध कर रही है कि जिस नारी का उन्होंने पाणिग्रहण किया है उसकी महानता को बताने का आग्रह कर रही है।

कवि ने लिखा है कि-

पूर्व सेहूं करीथिले केउँ घोर तप
केउँ ठारे केते काल केउँ मंत्र जप
एहा मात्र प्रभो मोते देबटी जणाई
अन्य किछी धने प्रभु मोर ईच्छा नाहीँ (ओडिआ लिप्यंतरण- तपस्विनी पृ 137)

सती सीता के इस पत्र को पढ़ते ही पाठकों के आंसू निकल आते हैं पत्र लिखने के बाद सीताजी को पता चलता है कि रामचंद्र दोबारा शादी नहीं किए हैं अपितु यज्ञस्थल में जानकी के स्वर्ण प्रतिमूर्ति की स्थापना की गई है। यह बात अपने दोनों पुत्र लव और कुश से सुनने के बाद रामचंद्रजी के प्रति उनकी जो पहले की धारणा थी उसमें बदलाव आया है। वे अपने आप को दुर्बल

हृदय ऐसा वर्णन करते हुए उनके प्रति रामचंद्र की दया और अटूटप्रेम भावना को स्वीकार करते हुए क्षमा प्रार्थना कर रही हैं ।

रविंद्र नाथ के -दृष्टिदान- कहानी को ध्यान से पाठ करते समय गंगाधर के तपस्विनी की सीता का चरित्र अनायास ही किसी पाठक के मन में अंकित हो जाता है । कहानी के नायक एक डॉक्टर है उनकी पत्नी के चक्षुरोग का ईलाज ठीक से ना कर पाने के कारण पत्नी अंधी हो जाती है मगर पति-पत्नी दोनों मध्य जो प्रेम का भाव है वह बिल्कुल भी मलिन नहीं हुआ। कहानी के मध्य एक तरूणी का आगमन होता है , नायिका को लगता है कि हिमांगिनी नाम की इस तरुणी के साथ उनके पति का दूसरी बार विवाह का आयोजन किया गया है। इस भावना से व्यथित नायिका अस्थिर हो जाती है । नायिका को खाना-पीना तक नहीं अच्छा लगता है। ऊपर से परिवार की अन्यतम चरित्र प्रतिभात बुआ अपने जेठ के बेटी के रूप और गुण का वर्णन करते हुए उसके साथ डॉक्टर बाबू के विवाह की प्रस्तावना करती देखी जा सकती है। हेमांगीनी डॉक्टर बाबू के घर आती हैं यहां कहानी में नायिका द्वारा हेमांगीनी के प्रति स्नेह और प्रेम का भाव रविंद्रनाथ ने दिखाया है। अब हेमांगीनी उसी घर में डॉक्टर बाबू के साथ छाया की तरह रह रही है । बाद में जब वह घर छोड़कर चली जा रही है तब नायिका की आंख में आंसू आ जाते हैं । वह हेमांगीनी को स्नेहासिक्त चुंबन प्रदान करती दिखाई गई है। उधर हेमांगीनी के चले जाने के बाद नायिका के अंदर यह भावना भर गई है कि डॉक्टर बाबु के मन में हेमांगीना को लेकर गहरी आसक्ति घर कर गई है। इस भाव को रवीन्द्रनाथ ने जिस स्पष्टता और संवेदनात्मक शैली में लिखा है वह पाठक के प्राण को आंदोलित कर देता है। हिमांगिनी चली जाने के बाद डॉक्टर बाबू कहते हैं

अब उन्हें पना काम-धाम करने के लिए ज्यादा समय मिलेगा । डॉक्टर बाबू के इस बात में नायिका उनके मन की चतुराई को अनुभव कर रही है उसे लगता है कि हिमांगीनी के साथ उनका संपर्क बहुत गहरा और यह बात हरपल डॉक्टर बाबू की पत्नी को विचलित कर रहा है। इस अंतर्वेदना को रविंद्र नाथ ने ऐसे वर्णन किया हैः-

इतने दिन तक मेरे और मेरे स्वामी के बीच केवल अंधकार ही अंतराल हुआ करता था आज से और एक अंतराल बना है. अब मेरे स्वामी मेरे सामने गलती से भी हिमांगीनी का नाम उच्चारण नहीं करते हैं जैसे उनके संपर्क संसार से हेमांगीनी विलुप्त सी हो गई है। जबकि पत्र के जरिए वे हरदम उसकी खोज-खबर ले रहे हैं । यह मैं अनुभव कर पा रही थी कि जिस तरह पोखर में बाढ़ का पानी जब पहली बार प्रवेश करता है तो उसी दिन पद्मनाड हिल उठना है । किस तरह उनके अंदर कुछ दिनों से एक अजब स्थिति का संचार हो रहा है यह मैं अपने हृदय से अनुभव करती हूं । वह कब खबर लेते हैं कब नहीं लेते हैं यह मेरे से छिपा हुआ नहीं है, मगर मैं उनसे अपने हृदय की बात पूछ भी नहीं सकती । (21 गल्प, पृष्ठ 188- 189)

डॉक्टर की पत्नी को जब यह पता चला कि उनके पति का दूसरा विवाह होना निश्चित है तो उन्होंने पति को इसकी सच्चाई के बारे में पूछा, डॉक्टर स्वीकार कर रहे हैं हां मैं विवाह करने जा रहा हूं । नारी हृदय की भक्ति और चेतना को उन्मुक्त करते हुए पत्नी अपने स्वामी के पैर पकड़ लेती है और बोल रही है कि मैंने तुम्हारा कौन सा अपराध किया है भला कहां पर मेरी कोई कमी रह गई है जो अन्य स्त्री में तुम्हारा प्रयोजन है , सच-सच बताओ (पृष्ठ 189) । डॉक्टर उन्हें बता रहे हैं कि उनको ऐसी एक रमणी

की आवश्यकता है जो गाली देती हो, गुस्सा करती हो, आदर करती हो। मेरी पत्नी तो देवी है, मै देवी नहीं चाहता मैं चाहता हूँ वह मानवी हो । डॉक्टर की ऐसी निष्ठुर वाणी सुनकर पत्नी बोल रही है कि वह सामान्य रामणी है, कोई देवी नहीं । विवाह के समय जिस तरह मेरा हृदय था आज भी ठीक उसी तरह ही मैं अपरिवर्तित हूँ। वह बोलती हैं अगर मैं सती हूं तो भगवान साक्षी हैं तुम किसी तरह धर्म शपथ का उलंघन नहीं कर पाओगे , ऐसा महापाप होने से पहले में विधवा हो जाऊं या फिर हिमांगिनी ही जिंदा ना रहे (पृष्ठ 190) इतना बोल डॉक्टर की पत्नी मूर्छित हो जाती हैं। डॉक्टर बाहर चले जाते हैं और नाव में बैठकर हेमांगिनी के पास निकल जाते हैं । बाद में जब चेतना वापस आती है तो डॉक्टर बाबू की पत्नी खुद को हेमांगीनी की गोद में पाती है । हेमांगीनी बोलती है बहन मैं तो तुम्हारा आशीर्वाद लेने आई हूँ। तब नायिका से कहती है तुम विवाह करो तो अपराध नहीं और अगर मैं करूं तो वह अपराध (पृष्ठ 191) हेमांगीनी डॉक्टर बाबू की पत्नी को चूम लेती है और पत्नी अपने समस्त दुख को हृदय में दबाकर हिमांगीनी को बोलती है तुम सौभाग्यवती बनो सदा सुखी रहो।

डॉक्टर की पत्नी का नाम है कुसु । बस इसी समय उनके हृदय में भूकंप सा आ गया है वह जानती है कि हेमांगीनी उनके पति को नहीं वरन उनके भाई को विवाह करने जा रही है। यह बात जानने के बाद कुसु के आँख में अश्रु की धारा बह जाती है वह और बंद नहीं हो रही। डॉक्टर बाबू रात को जब उनके पास आते हैं फिर संबोधन करते हैं तुम मेरी देवी हो खुश होकर बोलती है ना मेरी देवी बनना स्वीकार नहीं है मैं हमेशा तुम्हारे घर की

पत्नी होकर मरना चाहती हूँ। उत्तर में स्वामी बोलते हैं तुम अबसे मुझे और कभी देवता कहकर संबोधन नहीं करोगी।

स्वभावकवि की सीता का चरित्र कुसु के चरित्र से एक उच्च स्तर की आत्मा है क्योंकि सीता केवल रामचंद्र को प्रार्थना कर उनकी नव विवाहिता पत्नी के त्याग और तपस्या के बारे में जानना चाहती हैं। मगर सुक्ष्म दृष्टि से देखें तो इस उपलब्ध किया जा सकता है कि सीता का समग्र चरित्र ही रवींद्रनाथ के इस कुसु चरित्र में प्रस्तुत हुआ दिखाई देता है। नारी चरित्र के अध्ययन में दोनों ही कवियों ने दक्षता दिखाई है । दृष्टि दान गल्प प्रथम पुरुष शैली में रचित है अर्थात रविंद्र खुद को खुशी चरित्र सोचकर इस गल्प की रचना कर रहे हैं जबकि गंगाधर सीता के द्वारा जो पत्र रचित कर रहे हैं वह कवि खुद को सीता के स्थान में रखकर अपने प्राण के भवावेग को उन्मुक्त करदेते हैं। एक रचना गद्य में हो सकती है और दूसरी काव्य में मगर दोनों ही रचनाओं में नारी चरित्र का मान अभिमान जिस तरह वर्णित है वह दोनों की महानता का सार्थक शब्द-संयोजन है । रविंद्र बांग्ला भाषा के है और गंगाधर ओड़िया के। रविंद्र का जन्म 1861 में और गंगाधर का आविर्भाव 1862 में। दोनों अपने समय के दो अलग प्रदेश के महान साहित्यकार थे। गद्य में हो या पद्य में इनके द्वारा जो रचित हुआ है उसमें बिल्कुल भी असमानता नहीं दिखाई दे रही है। महत्वपूर्ण भाव यह है कि यह आत्मिक स्तर के सामान्य को सार्थक रूप में प्रदर्शित कर रहे हैं एक गल्प है, दूसरा है महाकाव्य दोनों ही सृष्टि के मुख्य चरित्र है नारी। उनके हृदय के भावों को दोनों ही रचनाकारों में गहराई से प्रदर्शित किया है। तपस्विनी महाकाव्य का जो विषय है वह पौराणिक है रविंद्र की कथावस्तु सामाजिक । रविंद्र की कुसु मानो सीता की एक आधुनिक जीवंत

चरित्र है । दोनों की स्वामी भक्ति में किसी तरह का कोई बनावटी भाव नहीं है फिर दोनों ही के नायक एक तरफ रामचंद्र और दूसरे तरफ डॉक्टर बाबू दोनों ही उदार और महान चरित्र के उदाहरण है । कुसु अगर पौराणिक शिक्षा की आधुनिक रूप है तो रामचंद्र के आधुनिक रूप हैं डाक्टर बाबू । कोई किसी भाषा में गद्‌य में हो या पद्‌य में साहित्य की सर्जना करें वह बड़ी बात नहीं है, मगर अलग भाव के बावजूद दोनों ने मानवीय चरित्र को अपनी भावना और आराधना से बहुत ही उच्च स्तर में प्रकाशित किया है । रविंद्र का दृष्टिदान एक छोटा गल्प मात्र नहीं है, यह 23 पृष्ठ का एक लंबा गल्प है। जिसे पाठ करते समय एक काव्यिक पाठ का अनुभव होता है। गंगाधर की तपस्विनी में कविता का जो लालित्य है रविंद्र के दृष्टिदान गद्‌य रचना में अगर वही भाव होता तो उसमें भी काव्यिक भाव का सौंदर्य अनुभूत होता। अतः कईयों को दृष्टिदान और तपस्विनी के प्रति आकर्षण का होना स्वाभाविक जान पड़ता है । रविंद्र के गल्प कालिंदी चरण पाणिग्रही द्‌वारा उड़िया में अनुदित हुए हैं जबकि गंगाधर की तपस्विनी का अभी तक बंगला भाषा में अनुदित नहीं हुआ। रविंद्र और गंगाधर अलग भाषा के साहित्यकार है रविंद्र की प्रसिद्धि विश्व व्यापी है जबकि गंगाधर उड़ीसा के सीमा में सीमाबद्ध होकर रह गए हैं । खुशी की बात है की तपस्वीनी महाकाव्य अंग्रेजी, हिंदी और संस्कृत भाषा में अनूदित हो चुका है मगर बांग्ला भाषा में अभी तक नहीं हुआ है बांग्ला भाषा ओडिआ की निकटता वाली भाषा है और तपस्विनी का बंगला अनुवाद विश्वकवि रविन्द्रनाथ के साथ गंगाधर के आत्मीय बंधन को निविड बनाने वाली एक सेतु बन जाएगी ।

गंगाधर मेहेर का अंतिम जीवन और रविन्द्रनाथ की अंतिम कविता

गंगाधर मेहेर के काव्य और कविताओं की जितनी चर्चा हुई है उनके अंतिम जीवन की चर्चा उतनी नहीं हुई । अपने अंतिम दिनों में उन्होंने जो कठिनाइयां झेली थी उन का स्मरण करने में कई दिन बित जाएंगे, फिर भी लगता है कि बहुत सी बातें रहस्य बनकर रह गई हैं । गंगाधर मेहेर खुसामदकारी या राज कवि नहीं थे , ना ही वे स्वर्ण कुंडल धारण कर पालकी पर बैठने वाले व्यक्ति थे । देखने में अत्यंत सरल, शांत, भद्र और नरम दिल के मानव थे, मगर अंदर से उनका व्यक्तित्व लोहे जैसा कठिन था । इसलिए कठिन कहा जाता है कि अपने संकीर्ण स्वार्थ साधन के लिए उन्होंने कभी भी क्षमता संपन्न दुराचारियों के पास आत्म समर्पण नहीं किया । राजा महाराजाओं के प्रशंसा गान करने वाले कवि के रूप में कुछ लेखक उनकी आलोचना करते हैं मगर राजाओं के जय गान के एवज में उन्होंने कभी किसी लाभ की आशा नहीं की थी । हाँ लोक मंगल के लिए समर्पित भूपतियों के शुभ गुण वर्णन करने में उन्होंने कभी कोई कोताही नहीं की । रामचंद्र, अज, दुष्यंत जैसे राजाओं के महिमा गान में उन्होंने अपनी लेखनी चलाई । कुछ जनकल्याणकारी शासको के लिए भी उन्होंने कविताएं लिखी है। लेकिन किसी अत्याचारी शासक के लिए मिठी मिठी बातें लिखकर उनका प्रिय पात्र बनना उन्होंन कभी

स्वीकार नहीं किया और न ही ऐसा दृष्टांत उनके जीवनकाल मे मिलता है।

अपने कर्ममय जीवन से अवसर लेकर वे जब जन्म स्थान बरपाली ग्राम लौट आए तब उनके मन मे सैकडों स्वप्न थे। इतिहास साक्षी है कि संसार में अनेक महापुरुषों के स्वप्न टूटे हैं,बर्बाद हुए हैं ऐसे में गंगाधर इस नियति को भला कैसे रोक पाते। वे बरपाली लौटे मगर जिस नौजवान जमींदार ने उनके आगमन पर शंख ध्वनि की थी वही बाद में उनका शत्रु बन गया कारण और कुछ नहीं था बस उस शराबी, अय्याश और खुशामद के अभिलाषी अत्याचारी जमींदार को संतुष्ट करने का कोई इरादा गंगाधर मेहेर के मन में नहीं था । अत्याचार का विरोध करना अनका स्वभाव था और अपने अंतरात्मा की आवाज सुनते हुए उन्होंने विनीत भाव से अपना विरोध जताते हुए जमींदार द्वारा दी गई नौकरी करने से मना कर दिया और समाज सुधार के लिए साधु समिति नामक अनुष्ठान का गठन किया । अन्यायी जमींदार ने इसे अपना अपमान माना, उसके मन मे प्रतिशोध की भावना पनपने लगी। गंगाधर के न्याय संगत विचारों से अन्याय के पर्याय बन चुके उस ईलाके में शांति और सहभागिता की पवित्र गंगा धारा बहने लगी। बरपाली एक शांत बस्ती में तब्दील होने लगी । जमींदार ने अपने ईलाके में जाति भेद की ज्वाला प्रज्वलित करते हुए समाज को बांटना चाहा। उनके आक्रोश का मुख्य कारण गंगाधर ही थे , गंगाधर को अपमानित करने के लिए जमींदार ने नीच जाति की एक मुंह छोड़ महिला को नियुक्त किया जो गंगाधर को लगातार अश्लील भाषा में गालियां देकर जमींदार से पुरस्कार लेती रही। जब इतने में भी जमींदार का मन नहीं भरा तो उन्होंने गंगाधर के घर के किवाड़ पर मल मूत्र लेपन करने के लिए

महिला को नियुक्त किया और अंत में गंगाधर को गोली मार देने की धमकी दी । मगर गंगाधर इन सभी घटनाओं को एक अनासक्त पुरुष के तरह सहन करते रहे। आज यह घटना वर्णन करते समय लग रहा है जैसे यह प्रसंग गंगाधर के अलिखित अन्यतम श्रेष्ठ कविता हो। वेसे सारी बातें शब्द के माध्यम से लिखी भी नहीं जा सकती है। जो लोग उच्च स्तर के काव्य स्रष्टा होते हैं उनके जीवन की एक एक घटना काव्य का स्पंदन लिए हुए प्रतित होती है। एक बार बृजमोहन पंडा को उन्होंने पत्र में लिखा कि यहां मेरे सम्मान नष्ट होने की कोई आशंका नहीं है क्योंकि जो भी मान-सम्मान मुझे मिलता है मैं तुरंत ही उसे त्याग देता हूं । यह केवल भाव नहीं है अगर इसे गंगाधर के लिखित कविता मान लिया जाए तो बंग्ला मे उसका भाव होगाः-

लोके आमाय निंदा करे
निंदा से नय मिछे
सकल निंदा माथाय धरे
रब सवार निचे (बांगला लिप्यंतर)

यह रवींद्रनाथ के गीतांजलि का एक भावपूर्ण पद है। जो निंदा रवींद्रनाथ को मिली उसे उन्होंने सर झुका कर स्वीकार किया ऐसा करते हुए उनके मन में अस्थिरता का कोई भाव भी नहीं था । इस कविता के अंतिम पद में उन्होंने लिखा है

शेष हए जे गैलो बेला
भागंलो बेग केनार मेला
डाकते जारा ऐसे छिलो
फिर लो तारा रोषे
प्रेमेंर हाते धरा देबो
तारे रयेछी बसे (बांगला लिप्यंतर)

यह कविता कवि के लिए अंतिम समय की कविता है ऐसा सूचित किया जाता है लेकिन वास्तव में यह रविंद्र नाथ की अंतिम कविता नहीं है । मगर देखा जाए तो इसे कवि की अंतिम कविता मानने में कोई बुराई नहीं है। क्योंकि भाव के संदर्भ से देखें तो यह रविंद्र के अंतरात्मा की बात ही दिखाई देती है । यह जो भाव दर्शाता है वह है- समस्त प्रकार के निंदा, क्रोध और अपवाद को वे केवल इसलिए सहन करने को तैयार हैं कि परमेश्वर के प्रेम बंधन में बंध जाएं। जो व्यक्ति ईश्वर के प्रेम डोर में बंधा है वह शैतानी शक्तियों के द्‌वारा कैसे कवलित हो पाएगा । रविंद्र प्रेम बंधन में बंधने के लिए मानों राह देख रहे हैं । समय बीत रहा है पश्चिम के आकाश में सूर्यास्त की स्वर्णिम किरण बिखर रही हैं और कुछ समय बाद शाम हो जाएगी यही समय तो प्रेम के बंधन में बंध जाने का आवेग वाला समय है। गंगाधर ठीक इसी तरह विश्व सम्राट के चरण में खुद को समर्पित करने की बात कह रहे हैं।

रविंद्र की कविता उनकी अंतिम कविता नहीं है भावात्मक दृष्टि से देखा जाए तो यह उनका अंतिम समर्पण कहा जा सकता है मनुष्य अगर अपने जीवन के हर मुहूर्त को यही अपना अंतिम मुहूर्त है ऐसा मानने लगे तो वह सब कुछ छोड़कर ईश्वर के पास मुक्त होकर जाने की अभिलाषा लेता दिखाई देता है।

जिस तरह की वैष्णवी भाव धारा से रवींद्रनाथ प्रभावित थे गंगाधर वैसे नहीं थे । तब दोनों कवियों के मध्य समानता क्या है, कैसे दोनों मे तुलना की जा सकती है । रविंद्र बाहर से देखने में कवि गुरुदेव दिखाई देते हैं लेकिन अंतर में वे परम वैष्णव है । फिर ब्रहम अध्यात्म धारा में वे एक मर्मज्ञ बिंदु दिखाई देते हैं। जबकि अद्‌वैत वादी गंगाधर की कविता ऊपरी तौर से तो

सारगर्भित दिखाई देती है, मगर वह बहुत ही गहराई लिए हुए हैं। उसके अंदर में अंतःसलिल धारा बहती दिखाई देती है। रविंद्र और गंगाधर के आकर्षण और समर्पण में किसी तरह का कोई भेदभाव नहीं। गंगाधर के जीवन का अंतिम समय एक नाटक के अंतिम दृश्य की तरह है जो रविंद्र संगीत के जैसा ही चित्ताकर्षक है। रविन्द्र के संगीत का माधुर्य गंगाधर की सहनशीलता की तरह साफ दिखाई देती है। दोनों ही सर्जनाकर हमेशा आत्म अनुभव में समान और सौंदर्य बिखेरते दिखाई देते हैं।

------------------0-----------

आदर्श पुत्र रथीद्र नाथ और भगवान मेहेर

खुद को पर्दे के पीछे रखते हुए अपने पिता के महत्व को प्रतिष्ठित करने के लिए संपूर्ण जीवन उत्सर्ग कर देना एक महान कलात्मक कृति हो सकती है इसका उदाहरण है विश्व कवि रवींद्रनाथ के सुपुत्र रथीद्रनाथ और स्वभाव कवि गंगाधर मेहेर के सुयोग्य संतान भगवान मेहेर। जिस तरह रथीद्र नाथ अपने पिता के श्रेष्ठ आदर्श से अनुप्राणित हुए थे ठीक उसी तरह भगवान मेहेर भी जैसे अपने पिता से ही गुरु दीक्षा लेते रहे । उन्होंने कभी किसी देवी, देवता या सन्यासी कि उस तरह पूजा नहीं कि जिस तरह अपने जन्मदाता पिता की की है। माता-शांता देवी ने उन्हें जन्म अवश्य दिया था मगर उनका वास्तविक लालनपालन पिता गंगाधर ने ही किया था। गंगाधर ने उन्हें दो-दो बार मृत्यु से बचाया था। अपने यौवनकाल में बीमार होकर वे शैया पर पड़े रहे । उस समय माता शांता का देहावसान हो चुका था। आश्चर्य की बात है कि गंगाधर उस दौरान पिता का स्नेह और माता की ममता प्रदान करके अपने बेटे की सेवा करते रहे । अलौकिक घटनाक्रम की तरह एक वैद्य के इलाज,गंगाधर के स्नेहपूर्ण सेवा और देखभाल से एवं विश्व विधाता के पास उनकी प्रार्थना से भगवान मेहेर अपने पूर्व यौवन पूर्व स्वास्थ्य को प्राप्त हुए । जिस पिता को उन्होंने अपने सेवा में लीन पाया और जो पिता उन्हें मृत्यु देवता क आक्रमण से बचा

कर ले आए उनके लिए भगवान मेहेर ने पितृ कार्य में संलग्न रहकर अपनी प्रतिक्रिया दी है ।

ओड़ीशा के इस श्रेष्ठ कवि पुत्र की जीवन धारा पर जब हम नजर डालते हैं तो देखते है कि उनका व्यक्तित्व कितना अनुपम और अनुरागपूर्ण था । विश्वकवि रविंद्र नाथ के उत्तराधिकारी रथींद्र नाथ बचपन से ही पिता के कला सौंदर्य और चेतन की वातावरण में पले बढे थे। रविंद्र और गंगाधर मानो सृष्टि कर्ता की इच्छा से कवि के रूप में जन्मे थे और अपने दोनों संतानों में उन्होंने प्रतिभा का बीज बपन कर दिया था । रवींद्रनाथ और गंगाधर शुरू से ही कवि हृदय व्यक्तित्व रहे इससे दो-मत नहीं हो सकते उनके इस हृदयवान चरित्र को दोनों बेटों जिस तरह संचालित किया वह समग्र भारतीय साहित्य में एक अनुठी घटना कहीं जा सकती है।

रथींद्र नाथ विज्ञान के छात्र थे मगर उनकी प्राणसत्ता में तो ज्यों साहित्यिक भावधारा ही विचरती रही। अपने पिता के साहित्यिक कृतियों का अध्ययन करना उनके जीवन की एक श्रेष्ठ उपलब्धि थी । पिता पुत्र के मध्य कई बार संकल्प और पत्रालाप हुआ है जो पाठकों के लिए प्रेरणादायक है और आगे भी बना रहेगा । रविंद्र के द्वारा प्रतिष्ठित शांतिनिकेतन को आगे बढ़ाने में रथींद्र नाथ की भूमिका महत्वपूर्ण रही है। शांतिनिकेतन के हर वृक्ष, हर कमरे और हर चीज को व्यवस्थित करने में,उसको रविंद्र संगीत से झंकृत करने में ही रथींद्र अपना सर्वोपरि कर्तव्य मानते थे ।

इसी तरह अगर गंगाधर और भगवान मेहेर के जीवन को हम देखें तो वही एक समान बात यहां भी दिखाई देती है हालांकि दोनों पिता-पुत्र के मध्य वार्तालाप ज्यादा नहीं था मगर दोनों ने दृष्टि विनिमय के जरिए अपने हृदय की भाषा को प्रकाशित किया

है । हाँ भगवान के लिए गंगाधर ने कुछ ही पत्र लिखे हैं । इन पत्रों में ना तो कविता का स्पर्श है ना वर्णन की दीर्घता दिखाई देती है और ना ही उपदेश नजर आता है मगर पत्र के हर शब्द में पिता पुत्र के अंतरात्मा का जो संबंध है उसे साफ देखा जा सकता है और उसकी समीक्षा भी की जा सकती है। रविंद्र और रथीद्र तथा गंगाधर और भगवान के मध्य स्थुल संपर्क दिखाई देता है मगर दोनों पिता-पुत्र के संपर्क में एक सूक्ष्म मर्मध्वनि भी है जो एक समान दिखाई देती है।

गंगाधर मेहेर पदमपुर में अपनी सरकारी नौकरी समाप्त कर जन्म स्थान बरपाली वापस आ गए उनका यह प्रत्यावर्तन कई प्रतिश्रुति से भरा हुआ था उनके मन में असंख्य स्वप्न थे वह बरपाली को आदर्श ग्राम बनाना चाहते थे मगर बरपाली में उनका जो अंतिम जीवन व्यतीत हुआ वह कई घटना का साक्षी बना। वहां का अदूरदर्शी शासन और अशांति का वातावरण भयंकर रूप लेकर आया । गंगाधर के ऊपर अत्याचार का कोई अंत नहीं था इसके बावजूद गंगाधर बरपाली को सुंदर ग्राम बनाने की कोई कोर कसर छोड़ नहीं रहे थे। अनुकूल वातावरण में काम करना तो बहुत ही सहज है मगर प्रतिकूल वातावरण में काम करना ही श्रेष्ठ प्रतिभा वाले व्यक्तियों का परिचय होता है। काव्य कविता रचना के द्वारा गंगाधर चुंकि बहुत पहले ही एक सत्य को प्रतिपादित कर चुके थे जीवन के अंतिम समय में प्रतिकूल परिस्थिति में भी उन्होंने मानवता का एक नया भाग प्रस्तुत किया। साधारण लोगों के मन में जो साधुभाव है उसे जगाने के लिए गंगाधर ने साधु समिति नामक एक प्रेरणादायक अनुष्ठान का गठन किया । उस समय के कालखंड को देखा जाए तो ऐसी कल्पना करना बहुत ही कठिन कार्य था लेकिन गंगाधर ने अपने विश्वास को आगे बढाते हुए

अवहेलित और उपेक्षित होने के बावजूद ऐसा काम कर दिखाया। उनके स्वर्गवास के बाद बरपाली ग्राम संगठन का सारा कार्य कवि-पुत्र भगवान मेहेर के उपर आया। ऐसा कोई अनुष्ठान नहीं था जहां भगवान मेहेर चुपचाप अपने काम में नहीं लगे हुए थे। आधुनिक बरपाली के निर्माता के बारे में अगर कोई प्रश्न किया जाए तो उसका उत्तर होगा भगवान मेहेर। ऐसा कहने का उद्देश्य यही है कि जिस तरह रविंद्र नाथ के बाद रथींद्र शांतिनिकेतन निर्माण के महान उद्देश्य को आगे बढ़ते रहे उसी तरह गंगाधर मेहेर के उपरांत भगवान मेहेर अपने पिता के कवि सत्ता को पुनर्जीवन का आभास देते गए। अतः रविंद्र और रथींद्र , गंगाधर और भगवान-पिता पुत्र के रूप में स्थुल भेद है मगर आप दोनों में एक सामान सुक्ष्म समानता साफ दिखाई देती है।

रथिंद्र नाथ अपने पिता के उत्तराधिकारी के तौर पर हालांकि साहित्य साधना में वैसा कोई उल्लेखनीय कार्य करते दिखाई नहीं दिए फिर भी वह रविंद्र सौंदर्य चेतना के तेजस्वी किरण दिखाई देते हैं । रवींद्रनाथ अपने जीवन के अंतिम पर्याय में जो कुछेक चित्र बना गए हैं उन्हें देखकर दर्शक का मन अभिभूत हो जाता है रविंद्र के मध्य चित्रकला का जो शाश्वत भाव अंकुरित हुआ था वह रथीन्द्र के रंग और सृजनात्मक संगीत में पुष्पित-पल्लवित होता रहा। रथीन्द्र द्वारा आंके गए अनेक अर्थपूर्ण चित्र शांतिनिकेतन की शोभा बढ़ा रहे हैं ।

गंगाधर मेहेर के अंदर संगठन का नेतृत्व लेने की जो कला अंतर में दबी हुई थी वह भगवान मेहेर के व्यक्तित्व में पूर्ण तरह प्रस्फुटित हुई है । समाज संगठन के कार्य किस तरह विनम्रता पूर्वक किया जा सकता है इसका उदाहरण भगवान मेहेर है। रविंद्र पूजा में रथीन्द्र ने खुद को जिस तरह समर्पित किया था उसी तरह

भगवान मेहेर ने भी पितृ आराधना में अपने जीवन को उत्सर्ग कर दिया था। गंगाधर के स्वर्गवास के उपरांत उनकी स्मृति रक्षा के लिए जो भी कदम उठाए गए उसके पीछे भगवान मेहेर की सुविचारित सुपरिकल्पित योजना थी। पितृ स्मृति प्रतिष्ठा के लिए किसी दूसरे के सामने हाथ फैलाना उनके व्यवहार के अनुरूप नहीं था । बल्कि जनसाधारण की भावना को साकार रूप प्रदान करने के लिए वे संपूर्ण समर्पित दिखाई दिए। चाहे वह गंगाधर की समाधि बनाना हो, उनकी प्रतिमूर्ति लगाना हो , स्मृति भवन का निर्माण हो, जन्म गृह का नवीकरण और राष्ट्रीयकरण का कार्य हो, सारे निर्णय विनम्र भाव से भगवान मेहेर ने ही लिया । रथीन्द्र नाथ लेखक नहीं थे फिर भी उन्होंने बांग्ला भाषा में -पितृ स्मृति- नामक पुस्तक की रचना की । रविंद्र के द्वारा बताए गए स्वर्णिम मुहूर्त को उन्होंने इस पुस्तक में सजाया है । रविंद्र जिस तरह अंग्रेजी भाषा में प्रवीण थे रथीन्द्र भी उसी तरह अंग्रेजी में अपने भाव प्रकाश करने में दक्ष दिखाई देते हैं। उन्होंने -ऑन द एजेश अफ टाइम- नामक एक पुस्तक अंग्रेजी में भी लिखी है मनोज दास के -दूर-दूरांत- पुस्तक में इसका उल्लेख किया गया है। मनोज दास के स्तर के ऊच्च साहित्यसृष्टा के मन में क्षोभ रहा कि इस पुस्तक का दुसरा संस्करण छपाया नहीं गया।

कवि पुत्र भगवान मेहेर कविता रचना में अपना स्वतंत्र दर्शन कराते हैं । पिता के लिए किसी गौरव वर्धन वाक्य का उच्चारण करना उनके स्वभाव के विरुद्ध था । वरन ऐसा करते समय वे अत्यंत सकुचित दिखाई देते थे । ओड़िया साहित्य के विशिष्ट साधक मायाधर मानसिंह, ज्ञानपीठ पुरस्कार प्राप्त गोपीनाथ महान्ति की तरह दूरदर्शी श्रेष्ठ साहित्कारों के प्रोत्साहन से अपने पिता के बारे में अंतिम जीवन में जो कुछ भी घटनाएं हुई उसे लेकर भगवान मेहेर ने लिखा -पितृ प्रसंग- । रथीन्द्र नाथ

द्वारा रचित रविंद्र स्मृति और भगवान मेहेर के पितृ प्रसंग यह दोनों ही पुस्तकें समग्र भारतीय साहित्य जगत में एक अनमोल रत्न है। भगवान मेहेर अपने स्वल्प शिक्षा के कारण अंग्रेजी में कुछ नहीं लिख पाए थे । खुशी की बात है कि -पितृ प्रसंग- ग्रंथ का हाल ही में अंग्रेजी अनुवाद भी प्रकाशित हो चुका है। इसके नामकरण में कोई परिवर्तन नहीं किया गया, इसकी अनुवादिका है मालविका पटेल। इस अनुवाद कार्य को सर्वप्रथम ओड़ीशा में नवगठित अनुवाद साहित्य परिषद ने किया है। रविंद्र नाथ और गंगाधर के संबंध में आलोचना करते समय दोनों ही सुपुत्रों के महत्व को भी स्वीकार किया जाना चाहिए। गंगाधर द्वारा रवींद्रनाथ को जानने या उन्हें पढ़ने का प्रमाणिक उल्लेख नहीं मिलता। जबकि भगवान मेहेर ने रथीन्द्र नाथ को जानने और अध्ययन करने का सौभाग्य प्राप्त किया है। यहां ध्यान देने वाली बात है कि अपने पिता की प्रतिष्ठा के साथ उन्होंने रवींद्रनाथ की फोटो को भी अपने कमरे में सजा के रखा था । इससे पता चलता है कि वह जिस तरह पितृ भक्त थे उसी तरह रविंद्र की प्रतिभा के पुजारी भी थे । वह रविंद्र नाथ को जानते थे मगर रथीन्द्र नाथ को नहीं जानते थे। रथीन्द्र को न जानते हुए भी रविन्द्र नाथ की तरह ही नम्र. विनय और विवेक संपन्न व्यक्तित्व रथीन्द्र नाथ भगवान मेहेर को जान पाए यह संभव ही नहीं था । वे भी भगवान मेहेर की तरह पितृ भक्त होने का परिचय दिए हैं जो उन्हें असामान्य बनाता है। ये दोनों ही महान कवि पुत्र भारतवर्ष का गौरव हैं। जो भी कवि, लेखक, कलाकारों के संतान हैं अगर वे इन दोनों की मूर्ति अपने हृदय में धारण कर सकते हैं तो हमारे देश में प्रतिभा पूजन की परंपरा कभी भी धुँधली नहीं होगी व्यर्थ नहीं जाएगी।

-----------0--------

रविंद्र नाथ और गंगाधर की दृष्टि में शिक्षा

विश्व कवि रवींद्र नाथ ने शिक्षा के संबंध में अपने दृष्टिकोण को जिस तरह प्रस्तुत किया है वह हर शिक्षक और विद्यार्थी के लिए प्रेरणा के अनेक आयाम प्रस्तुत करता है। रविंद्र नाथ की आलोचना करते समय यह संभाग बहुत महत्वपूर्ण हो जाता है। विश्व कवि द्वारा बनाए गए शांतिनिकेतन को शिक्षादान की एक प्रयोगशाला ही कहा जा सकता है । उन्होंने विद्यार्थियों के अंतर्निहित प्रतिभा को निखारने के लिए जो युग परिवर्तनकारी कदम उठाए हैं जो प्रयत्न किए हैं वह केवल भारतवर्ष ही नहीं अपितु समग्र विश्व के लिए अनुठा उदहरण माना जाता है।

शिक्षा के क्षेत्र में व्याप्त अव्यवस्था को लेकर उनके मन में चिन्ता बनी रही तभी शिक्षा संस्कार के लिए सदा सर्वदा उनका प्रयास जारी रहा । प्राइमरी शिक्षा से लेकर उच्च शिक्षा तक हर विषय पर उन्होंने अपनी दृष्टिकोण रखे। शिक्षा में स्वतंत्रता की आवश्यकता कितनी आवश्यक होती है इसे भी उन्होंने दमदार तरीके से सामने रखा है । कोमलमति बच्चे अपने शिक्षकों की मार किस तरह चुपचाप सह लेते हैं पर शिक्षकों द्वारा दी गई गाली उनके व्यक्तित्व के विकास के लिए बाधक होती है, रविंद्र इसे लेकर सदा सचेतन रहते थे। उन्होंने इस प्रसंग का उल्लेख करते हुए कहा है कि स्वतंत्र होकर घूमने फिरने के लिए बड़ी सी एक जगह की आवश्यकता होती है, वरना हमारा स्वास्थ्य और खुशियां

बाधित हो सकती है । शिक्षा के क्षेत्र में भी बिल्कुल वही बात लागू होती है। हम जिसको शिक्षा कहते हैं केवल वही आवश्यक बताकर अगर हम उसके दायरे मे बच्चों को संपूर्ण आबद्ध करें तो उनका मन उसी तरह विस्तारित नहीं हो पता है जैसा होना चाहिए। अतः आवश्यकतानुसार शिक्षा के साथ कुछ अलग स्वतंत्र पाठ्यक्रम भी रखना चाहिए । अन्यथा बच्चा कभी भी अच्छा मानव नहीं बन सकता उम्र बढ़ने के साथ उसकी बुद्धि बढ़ती नहीं है और कई जगह पर वह बालक ही रह जाता है ।

मातृभाषा के जरिये शिक्षा लाभ करने और भाव के प्रकाश में व्यक्ति का मानसिक विकास होता है यह तथ्य रविंद्रनाथ ने निर्भीकता से प्रकट किया है। कई लोग सोचते हैं की मातृभाषा में हृदय या फिर मानव मस्तिष्क के चिंतन की सारी बातें प्रकाशित नहीं की जा सकती । लेकिन रवींद्रनाथ इस संबंध में मातृभाषा पर ही अपनी आस्था दिखाते हैं जो आज भी युग उपयोगी बनी हुई है । मातृभाषा में एक पत्र ना लिखपाना यार दोस्तों से मिलते समय मातृभाषा में बात करने से संकोच करना, मातृभाषा में लिखित पुस्तकों के प्रति अवज्ञा का भाव रखना उनके लिए ये सब पाप समान था ।

रवींद्रनाथ बच्चों के जीवन को किस तरह गढने की आकांक्षा रखते थे यह उनकी रचनाओं में प्रभावशाली रूप से प्रतिबिंबित है । वास्तव मैं मानव जीवन निर्माण की एक वरिष्ठ योजना लेकर ही उन्होंने शांतिनिकेतन का आरंभ किया था , जो आज भी हमें आश्चर्यचकित कर देती है । वे एक ऐसी आदर्श विद्यालय की स्थापना का स्वप्न देखते थे जहां लोगों की भीड़भाड़ ना हो , वह एक निर्जन स्थान हो । मुक्त आकाश, विस्तृत शांतस्थल पर वृक्षों के बीच विद्यालय एक यज्ञ क्षेत्र ही बन जाता

है । अध्यापक चुपचाप अपने गंभीर अध्ययन और मनन में निमज्जित रहते हैं इसे दृष्टि में रखकर अगर हम शांतिनिकेतन को देखें तो विश्व कवि के विशाल चिंतन को किस तरह वास्तविक रूप दिया गया है यह अनुभव किया जा सकता है।

रवींद्र साहित्य की आलोचना जिस विस्तारित ढंग से हुई है वह अतुलनीय है । इस दृष्टि से अगर हम स्वभाव कवि गंगाधर मेहेर की रचनाओं पर नजर डालें तो कवि के कल्पित आदर्श शिक्षा को गद्य की अपेक्षा पद्य रचना में वास्तविक रुप दिया गया है । खुशी और आश्वासन की बात है कि शिक्षा के संबंध में गंगाधर की चेतना को लेकर साहित्य में नहीं वल्कि एजुकेशन विषय में अनुसंधानात्मक निबंध प्रस्तुत हुआ है और कई अनुसंधानकर्ता को इसमें डॉक्टरेट की उपाधि भी प्रदान की गई है । काव्य कविताओं में गंगाधर के जो चिंतन प्रतिबिंबित हुआ है उसका एक संकेतात्मक अर्थपूर्ण रूप है उनकी गद्य रचना है शिक्षित, अशिक्षित और शिक्षाभिमानी। हम शिक्षित कहें तो किस गुण संपन्न व्यक्ति को कहें, हमारी नजर में अशिक्षित कौन है और शिक्षाभिमानी कौन है ।

शिक्षित व्यक्ति की महानता का वर्णन करते हुए गंगाधर ने लिखा शिक्षित व्यक्ति को मनुष्य की संज्ञा दे सकते हैं । शिक्षित व्यक्ति हमेशा सत्कर्म, सत्संग मे रत रहकर सदा पवित्र जीवन यापन करता है । इसी तरह का व्यक्ति जगत के सामूहिक विकास के लिए सदैव चिंतित रहता है। यह बात कवि ने अपनी रचना में लिखा है । वे लोग मंगलमय परमेश्वर के कल्याण सूचक तत्वों का अनुभव कर पाते हैं । उनके हृदय में श्रद्धा, भक्ति, दया के माध्यम से दिव्यता भर जाती है ।

शिक्षा का मतलब क्या है, उसकी संज्ञा क्या है यह गंगाधर के काव्य में सहजता से अनुभव किया जा सकता है। कवि ने लिखा है कि शिक्षा विद्यालय में समाप्त नहीं होती , शिक्षा मनुष्य के लिए जीवनकाल तक सतत चलने वाला महाव्रत है। यह जगत विद्यालय है और प्रकृति नित्य पठनीय विराट ग्रंथ का नाम है । सुशिक्षित व्यक्ति हृदयंगम करते हैं कि ज्ञान लाभ की कोई अंतिम सीमा नहीं है । साहित्य के प्रति अनुरक्ति उनके व्यक्तित्व की एक अनूठी दिशा बन जाती है । इस तरह बहुत सारे शिक्षित लोगों के मध्य जिन्हें हम ज्ञानी कह सकते हैं वे ज्ञान को कोहिनूर हीरे से ज्यादा मूल्यवान समझते हैं । उनका हृदय पर्वत की तरह विशाल होता है सागर की तरह गहरा होता है । अर्थ और पद लाभ के प्रलोभन से बहुत ऊपर उठकर वे लोग ज्ञान के आलोक से आलोकित होते हैं । ज्ञानदीप्त शिक्षित व्यक्ति कौन है उसे स्वल्प शब्दों के मध्य अपने साहित्य के जरिए गंगाधर ने जिस तरह प्रकाशित कर हमें प्रदान किया है वह विश्व के साहित्य का एक अपूर्व, अमूल्य रत्न है।

अशिक्षित किसे कहा जाएगा इसका उत्तर इस रचना में स्पष्टता से दिया गया है । अशिक्षित व्यक्ति को पशु समान बताते हुए गंगाधर ने कहा अत्यंत निकृष्ट संग के प्रभाव से उसका जीवन केवल भोजन और निद्रा में गुजरता हैं । वह आचरण और उच्चारण में अपने भद्रोचित चरित्र का परिचय नहीं दे सकता । काम क्रोध आदि विकृति उसके जीवन को अर्थ हीन बना देते हैं । वास्तविक देखा जाए तो इस तरह के वर्णन गंगाधर के अंतर्दृष्टि का परिचय देते है । विश्व कवि केवल शिक्षित ज्ञानी और अशिक्षित व्यक्तियों के संबंध में अगर लिखते तो बहुत था मगर उसी के मध्य उन्होंने एक स्वतंत्र शिक्षा अभिमानी मानव कहकर चिन्हित करते हैं जिसकी तुलना अन्यत्र नही मिलती है । ये शिक्षा

अभिमानी ऊपर से सत्कर्म करते दिखाई देते हैं मगर वे हर मुहूर्त में अपने छद्म रूप का अस्थाई और प्रभावहीन प्रदर्शन करते रहते हैं । सामान्य ज्ञान आहरण में ये सर्वदा कुण्ठित लेकिन खुद को ज्ञानी बताकर प्रचारित करने में वे बहुत निपुण होते हैं । पद, पदवी और क्षमता तथा धन लालसा का उनका मन नर्क से भी बदतर होता है । ऐसे लोग खुद को सुयोग्य प्रमाणित करने के लिए कई शिक्षा अनुष्ठानों के प्रमाण पत्र जुगाड़ करते रहते हैं । बाहर से वे सत्य और निस्वार्थपर प्रतीत होते हैं जबकि अंदर में असभ्य, बर्बर और स्वार्थपर होते हैं। इस स्वार्थपर गुटबाजी का संक्रमण समग्र परिवेश को किस तरह निराशा से भर देता है , यह गंगाधर के अंतर्दृष्टि संपन्न छोटे से लेख से हमे जानने को मिलता है । वास्तव में इस शिक्षा अभिमानी गुट का कु-प्रभाव हमारे परिवेश के लिए किस तरह विषाद और आपदा ला रहा है वह निष्ठुर, अप्रिय सत्य इसमें उद्घोषित हुआ है ।

इस दृष्टि से गंगाधर के रचित प्रबंध को प्रेरणाधर्मी मनुष्य के लिए एक आलोक रेखा कहा जा सकता है। रवींद्रनाथ शिक्षा के बारे में जो विस्तृत आलोचना करते हैं उस तरह का विस्तृत वर्णन गंगाधर साहित्य में नहीं मिलता मगर, ससससस्त संकीर्णता और छद्म का त्याग कर मानव की ओर उन्मुख होने के लिए गंगाधर के प्रदर्शित मार्गदर्शन हितकारी पक्ष है, इसमें कोई संदेह नहीं है । किसने कितने महान ग्रंथ की रचना कि है, यह उसके प्रतिभा का प्रमाण नहीं हो सकता । स्वल्प लेखन के माध्यम से जो अपने मर्म को जनता तक पहूंचा पाते हैं वे ही अपने प्रतिभा का सही प्रमाण दे पाते हैं और अनुकरणीय होते हैं। इस दृष्टि से दोनों महान प्रतिभाएं किस तरह प्रेरणादायी है यह समझा जा सकता ।

नोबेल पुरस्कार रविन्द्रनाथ और गंगाधर

सभी को पता ही है कि विश्वकवि रविंद्रनाथ टैगोर 1913 में अपने गीतांजलि कविता संकलन के लिए मर्यादा संपन्न नोबेल पुरस्कार जीतने वाले प्रथम भारतीय है । यह समग्र भारतवर्ष के लिए एक गौरवमय मूहुर्त था । रविंद्र नाथ की कविता में भारत के वैदिक ऋषियों के मंत्र नए छन्द में ध्वनित हुआ है, जो केवल भारतवासियों को ही मंत्रमुग्ध नहीं करता वल्कि समग्र पृथ्वी के अध्यात्मवादी मानवसमाज को शांतिपूर्ण स्निग्ध शीतलता का स्पर्श प्रदान करता है। गीतांजलि मे प्रतिबिंबित भाव के अंदर ईश्वरीय अनुभव का गांभीर्य और माधुर्य भी छुपा है । उस में भारत भूमि के अतुलनीय अभिप्सा का निनाद सुनाई देता है। जो लोग स्वभावकवि गंगाधर मेहेर के कविता का पाठ करते हैं वे भी अनुभव करते हैं कि अगर गंगाधर की कविताएं अंग्रेजी भाषा में अनुदित की गई होती तो वह भी नोबेल पुरस्कार के लिए सर्वथा उपयुक्त मानी जाती । रविंद्र नाथ ने गीतांजलि का अनुवाद खुद ही किया था । इसे संपूर्ण पढ़ने के बाद अंग्रेजी भाषा के कवि डब्ल्यू.बी.येटस ने इसका मुखबंध लिखा और वह आशानुरूप गौरव को प्राप्त करने में सक्षम साबित हुई ।

गंगाधर मेहर खुद उच्च शिक्षा से बंचित थे, अतःअपनी रचना को अंग्रेजी भाषा में अनूदित करने की कल्पना भी कर नहीं पाए होंगे और कोई दूसरे अंग्रेजी विद्‌वान ने भी इस दिशा में ध्यान नहीं दिया है। फिर भी अगर गंगाधर की कविताएं अंग्रेजी में अनुदित होती तो वह अवश्य ही नोबेल पुरस्कार के लिए योग्य

मानी जाती। मगर दुर्भाग्य है कि गंगाधर की कविता ओड़िशा की सीमा अतिक्रम कर अन्य प्रदेशों तक भी नहीं पहुंच पाई । केवल इतना ही नहीं रविंद्र नाथ ने शांतिनिकेतन जैसे प्रतिष्ठान के जरिए में अपने सारस्वत संपर्क को समग्र संसार में जिस तरह विस्तारित कर दिया था। वह अन्य कवि या लेखक के द्वारा उस समय के स्थिति में कत्तई संभव नहीं था। अंग्रेजी भाषा के कवि और शिक्षाविदों ने रविंद्र के अंग्रेजी के अनुवाद की मानकता के बारे में संदेह व्यक्त किया है । जबकि ओड़िशा के विशिष्ट अंग्रेजी प्रोफेसर तथा ओड़िया कवि और गद्य साहित्य के अन्यतम श्रेष्ठ साहित्यकार मायाधर मानसिंह द्वारा रचित -इंग-भारतीय साहित्य-शीर्षक लेख में उन्होंने साफ किया है कि अंग्रेजी में कविता लिखने के लिए अगर किसी का अधिकार है तो वह रविंद्र की तरह प्रतिभा के लिए ही संभव था। इसीलिए अंग्रेजी अनुरक्त कवि और लेखकों को उन्होंने अंग्रेजी भाषा में न लिखकर अपनी मातृभाषा में साहित्य सृजन के लिए प्रेरणा दी है। केवल गंगाधर ही नहीं ओड़िशा के अन्य विशिष्ट कवियों ने भी जिस तरह प्रेरणादायक नव-चेतन के साहित्य सृजन किया है वह भी नोबेल पुरस्कार के लिए योग्य होते इसमें कोई दो राय नहीं है । उदाहरण के लिए व्यासकवि फकीर मोहन सेनापति के कथा साहित्य को ही लिया जाए वह कितना प्रभावशाली था यह किसी से छुपा हुआ नहीं है। केवल ओड़िशा ही क्यों समग्र भारतवर्ष में ऐसे कई प्रतिभावान साहित्यकारों ने उस कालखंड में अपनी प्रतिभा का प्रदर्शन किया है जो इस पुरस्कार के लिए सुयोग्य प्रतिभा माने जाते हैं। हिंदी साहित्य के क्षेत्र में प्रेमचंद , बांग्ला साहित्य क्षेत्र में सरतचन्द्र चट्टोपाध्याय ऐसे ही उदाहरण है । लेकिन क्या समस्त सुयोग्य प्रतिभाओं को नोबेल सम्मान अर्पित कर पाना संभव था । और

अगर यह सम्मान ना मिले तो इन विभूतियों की प्रतिभा निष्प्रभ थोडे ही हो जाएगी। विश्व साहित्य के पर नजर डालें तो रुस के कथाकार लियो टॉलस्टॉय को नोबेल पुरस्कार नहीं मिला है इस कारण उनका अपमान थोड़े ही किया जा सकता है । महात्मा गांधी जी के जैसे शांति और अहिंसा के श्रेष्ठ वार्तावाहक, श्री अरविंद की तरह महायोगी, महाकवि भी नोबेल पुरस्कार के विचार परिसर में नहीं आए पर इसके लिए क्या उनकी प्रतिभा मालिन हो जाती है।

पुरस्कार को लेकर इस लेखक के विनम्र भाव के अनुसार रवींद्रनाथ को नोबेल पुरस्कार प्रदान करना केवल एक सांकेतिक घटना ही कही जाएगी । रविंद्र को सम्मानित करने का अर्थ है भारतीय चेतना के दिव्य और शाश्वत कला सृजन को एक विश्व स्तरीय स्वीकृति प्रदान करना। पुरस्कार व्यक्तियों के नाम से दिया जाता मगर वह किसी निर्दिष्ट शरीरधारी व्यक्ति सत्ता के लिए नहीं कहा जा सकता । वरन यह एक मानववादी चिंतन और सुभाकांक्षा के कलात्मक अभिव्यक्ति के प्रति एक समर्थन मात्र है । नोबेल कमेटी के विचारकों ने जो निर्णय लिए हैं उसे लेकरभी कई बार पक्षपात का आरोप लगा है। नोबेल से लेकर राज्य स्तरीय किसी भी पुरस्कार को विवाद से मुक्त नहीं कहा जा सकता। उच्च स्तरीय प्रतिभा संपन्न लेखन की उपेक्षा करते हुए कई बार न्यून स्तर के पुस्तकों को पुरस्कृत करने के दृष्टांत मिलते हैं। अगर इस समय के उच्च स्तरीय साहित्य चेतना के साहित्यकारों के बारे में कहा जाए तो सभी के सभी अवहेलना, उपेक्षा के शिकार हुए हैं यह बात भी सच नहीं है ।

यानी समस्त पक्षपात, अविचार के बावजूद ऐसे लेखक-लेखिकाओं को जो पुरस्कार प्रदान किए गए हैं उसके लिए विचारक मंडलियों

की निष्पक्षता को लेकर व्यापक दृष्टिकोण के साथ उदारता पूर्वक विचार किया जाना चाहिए।

मनोज दास को जब -धूमाभ्र दिगंत और अन्य कहानियां- के लिए प्रतिष्ठित सारला पुरस्कार दिया गया था तो अपने सम्मान का उत्तर रखते हुए मनोज दास ने कहा कि मेरे व्यक्तित्व के जिस अंश ने इस गल्प रचना की है मात्र उस सृजन को ही आप लोगों ने पुरस्कार दिया है, मुझे नहीं। यहां ऐसा एक दृष्टांत प्रस्तुत करने का अर्थ है कि पुरस्कार व्यक्ति को नहीं उसके सृजन शक्ति को ही दिया जाता है। इस दृष्टि से देखा जाए तो रविंद्र नाथ के नोबेल पुरस्कार की प्राप्ति उनकी व्यक्तिगत संपत्ति नहीं थी। गीतांजलि को नोबेल पुरस्कार दिये जाने के अर्थ व्यापक है यह बात पाठकों को समझाने की कोई जरूरत नहीं है। नोबेल पुरस्कार व्यक्ति को नहीं बल्कि एक आलोक दीप्त उच्चतर चेतना को दिया गया है। इसका अर्थ है कि भारत में रविंद्र नाथ की तरह जो मौलिक चेतना के रचनाकार हैं उन सभी के लिए यह एक मौन उपहार है। उसी विशाल चेतना के दायरे में बंकिमचंद्र, शरतचंद्र, प्रेमचंद, फकीर मोहन और स्वभाव कवि गंगाधर एवं उनके समकक्ष अनेक रचनाकार शामिल है।

जब गीतांजलि में प्रतिफलित भारतीय चिंतन को श्रेष्ठ पुरस्कार मिला तो उसका व्यापक अर्थ हमें समझना होगा कि स्वभाव कवि के साहित्य संपदा के प्रति भी यह एक अदृश्य अभिनंदन है । गंगाधर को नोबेल पुरस्कार प्राप्त नहीं हुआ इसे लेकर दुख करना निष्प्रयोजन है। क्योंकि उनकी प्रतिभा का जो सुक्ष्मतम स्पंदन है वह रविंद्र के माध्यम से उपयुक्त सम्मान को प्राप्त हुआ । मानो जो रविंद्र हैं वही गंगाधर हैं । एक विश्वकवि के नाम से प्रसिद्ध हैं और दूसरे अपने प्रदेश की सीमा में बंधकर

रह गए हैं । मगर इस प्रसिद्धि के परिसर को लेकर प्रतिभा की चर्चा नहीं की जा सकती । कोई कहीं भी जन्मा हो,उनका परिचय कितना प्रतिष्ठित क्यो न हो उनकी चेतना के लिए श्रद्धा और शुभेच्छा ही उनका पुरस्कार होता है । समग्र पश्चिम बंगाल में जैसी रविंद्रनाथ की जयंती मनाई जाती है वैसी गंगाधर के क्षेत्र में नहीं है । लेकिन नोबल जैसी प्रसिद्धि ही श्रेष्ठतम है ऐसे चिंतन के द्वारा किसी भी साहित्यकार को कम करके आंका नहीं जा रहा है और यह उचित भी नहीं है। अगर हम पुरस्कार न जीत पाए तो हम असंतुष्ट, अपूर्ण है ऐसा भाव यहां नहीं दिखता, हम चाहते हैं पूर्णता और कृतज्ञता ।

-----------------0---------------

www.ingramcontent.com/pod-product-compliance
Lightning Source LLC
Chambersburg PA
CBHW050419110726
47899CB00008B/2775

* 9 7 8 1 6 4 5 6 0 6 7 0 3 *